Sont parus dans cette collection :

1. *Croc-Blanc*
2. *La case de l'oncle Tom*
3. *Heidi, fille de la montagne*
4. *Robinson Crusoé*
5. *La petite princesse*
6. *Le dernier des Mohicans*
7. *L'île au trésor*
8. *Cosette*
9. *Le tour du monde en 80 jours*
10. *Les petites filles modèles*
11. *Les malheurs de Sophie*
12. *Les quatre filles du Dr. March*
13. *Robin des bois*
14. *Moby Dick*
15. *20.000 lieues sous les mers*
16. *Le Corsaire Rouge*
17. *Le Capitaine Fracasse*
18. *La jeunesse de Heidi*
19. *La flèche noire*
20. *Le petit Lord*
21. *Un bon petit diable*
22. *La petite Fadette*
23. *Les lettres de mon moulin*
24. *Cinq semaines en ballon*
25. *Don Quichotte*
26. *Oliver Twist*
27. *Fantine*
28. *Les trois mousquetaires*
29. *La tulipe noire*
30. *Ivanhoé*
31. *L'appel de la forêt*
32. *Jane Eyre*
33. *Les deux nigauds*
34. *La mare au diable*
35. *Heidi, jeune fille*
36. *Les patins d'argent*
37. *Kazan*
38. *David Copperfield*
39. *La sœur de Gribouille*
40. *Heidi, maman*
41. *Le bossu*
42. *La petite Dorrit*
43. *Le chevalier de Lagardère*
44. *Maroussia*
45. *Les mémoires d'un âne*
46. *Gavroche*
47. *Les cinq sous de Lavarède*
48. *L'auberge de l'ange gardien*
49. *Voyage au centre de la Terre*
50. *Notre-Dame de Paris*
51. *Le général Dourakine*
52. *Jean Valjean*
53. *Heidi, petite-fille de Heidi*
54. *Les vacances*
55. *Sissi*
56. *Les douze travaux d'Hercule*
57. *Le Comte de Monte-Cristo I*
58. *Le Comte de Monte-Cristo II*
59. *Tom Sawyer*
60. *Heïdi et l'enfant sauvage*
61. *La légende de Mulan*
62. *La quête du Graal*
63. *François le bossu*
64. *Buffalo Bill*
65. *Sans famille I*
66. *Sans famille II*
67. *Le roman de la momie*
68. *Michel Strogoff I*

BUFFALO BILL

d'après Ned Butline

Adaptation de Marie Duval
Illustrations de Marcel Laverdet

Éditions HEMMA

Chapitre I

IL ÉTAIT UNE FOIS DANS L'IOWA

Si, en l'an 1846, les faire-part de naissance avaient déjà existé, sans doute aurait-on pu en trouver un libellé ainsi :

MONSIEUR ET MADAME ISAAC CODY
sont heureux de vous annoncer la venue au monde de leur fils WILLIAM FREDERICK

J'imagine même ce petit bristol entouré d'une guirlande de chevaux, de bisons ou d'autres animaux, tant il est vrai que ceux-ci ont accompagné le jeune garçon dès son entrée dans la vie. Actuellement, peut-être quelque astrologue émérite affirmerait, en outre, que, né au mois de février, le nouveau venu subirait l'influence de son signe zodiacal, le Verseau, qui porte en lui, comme une signature, la folle soif du risque, l'instinct de l'aventure, et l'appétit de la nouveauté.

C'est dans la modeste ferme de ses parents, non loin du Mississippi, qu'il passe ses toutes premières années, parmi ses frères et sœurs, avec lesquels il s'entend à merveille ; bien sûr, il les taquine à longueur de journée comme le font tous les gamins à l'esprit vif et déluré, mais nul ne lui en tient rigueur, tant, par ailleurs, il leur témoigne d'affection.

Dès qu'il sait marcher, son père l'emmène à l'écurie, où il se familiarise vite avec la gent chevaline ; bientôt, on le laisse choisir le poulain qui lui plaît le mieux et, sur son dos, il part à la poursuite de son rêve. Il n'est pas rare, quelques années plus tard, à l'âge où d'ordinaire les bambins font de sages promenades avec leurs mamans, de le rencontrer en bordure de la forêt, jouant à chasser ou encore luttant contre d'imaginaires ennemis. Fort, brave et courageux, l'on voit déjà se dessiner en lui l'homme intrépide et aventureux qu'il sera plus tard.

Dans ses jeux, il ressemble à un Indien : droit comme un I, la tête surmontée d'un fier chapeau à plume, dont la queue descend jusque par terre ; à la main, un arc fabriqué par lui avec amour, et des flèches prêtes à être tirées...

Un jour où il se repose dans la cour, en l'absence de ses parents, Bill (c'est le diminutif de William) aperçoit soudain un Indien, un vrai, sur le seuil de l'écurie. Celui-ci a-t-il fait si peu de bruit ou l'enfant, absorbé par ses pensées, ne s'est-il rendu compte de rien, nul ne le saura jamais ; en tout cas, pour Bill, la surprise est complète.

À pas feutrés, l'homme rouge se glisse hors de l'écurie, tenant par la bride le cheval préféré du petit garçon. Mû par un réflexe, celui-ci saute promptement de son siège, et, décrochant le fusil qui se trouve au mur de la salle de séjour, met le voleur en joue ! Stupéfait de voir un gosse le braver et lui tenir tête, arme à la main, l'Indien se met tout d'abord à ricaner avec mépris ; mais, devant l'air calme et résolu de Bill, il ne doute plus un seul instant qu'il a affaire à forte partie. Il lâche la bride et s'enfuit aussi vite qu'il le peut. C'est d'ailleurs ce qu'il a de mieux à faire ! Le garçonnet a un frisson dans le dos de sa propre audace... après ! Après seulement, quand le danger est passé.

Bill a alors sept ans, et il s'agit de son premier affrontement avec un Indien. Non point le dernier, comme nous allons le voir !

Quelque temps plus tard, nous trouvons William attendant ses sœurs dans la cour. Il les a invitées pour une joyeuse escapade et a hâte que l'on se mette en route : il faut partir avant que la chaleur ne rende trop pénible leur longue marche dans la nature ; mais les fillettes traînent – comme c'est leur habitude, il faut bien le reconnaître –, et il s'impatiente. Pourtant, elles doivent bien terminer ce qu'elles ont commencé : l'une aide sa mère à laver la vaisselle, car il n'est pas question de s'en aller en lui laissant tout le travail ; quant à l'autre, toujours prévoyante, elle prépare soigneusement les sandwichs de leur déjeuner, les empilant au fur et à mesure dans un grand panier d'osier près des boissons prises à la cave. La journée sera longue, l'air creuse lorsqu'on parcourt de nombreux kilomètres : il faut donc prévoir une quantité de vivres suffisante pour se restaurer et reprendre des forces avant le retour.

– Allez ! allez ! j'en ai assez de toujours vous attendre ! Dépêchez-vous donc un peu, leur crie-t-il, une note d'exaspération dans la voix.

Le père, de son côté, s'apprête à partir avec Sam, le fils aîné qui l'aide aux travaux des champs. Avant de quitter la maison, il demande :

– Que comptez-vous faire aujourd'hui, mes enfants ? Vos projets sont-ils déjà établis ?

– Je pense que nous simulerons une attaque contre les Indiens, fuse la réponse, enthousiaste.

À n'en pas douter, c'est le jeu favori de Bill !

– N'effraie pas trop tes sœurs, mon ami, ménage-les un peu. Rappelle-toi que les femmes sont des créatures fragiles et délicates, qui sont vite effarouchées. Mène-leur la vie douce, va...

À cet instant précis, Helen et Lydia sortent de la

maison, serrant chacune leur poupée sous un bras ; de l'autre main, la main disponible, elles tiennent l'anse du panier, qu'elles balancent comme un encensoir.

Bill leur fait part de ses desseins :

– Vous, vous serez la caravane qui se dirige vers l'Ouest et, lorsque vous me verrez, vous mettrez aussitôt vos chariots en demi-cercle... comme une palissade de fort ! Vous imaginez que je suis un Indien qui veut vous attaquer. Compris ?

D'un air mi-rassuré, mi-résigné, les fillettes hochent la tête en signe d'assentiment.

– Bon, maintenant mettez-vous en route à travers bois, vers le fleuve qui coule là-bas. Et surtout, emmenez Turk, il vous protégera !

Turk, le bon vieux chien de la famille, s'il n'est ni particulièrement grand ni particulièrement beau, se révèle néanmoins aussi courageux qu'excellent chasseur ; lorsqu'il est de la partie, les enfants n'ont rien à craindre ! Bill l'aime tant qu'il se battrait sans hésiter avec quiconque oserait faire une remarque moqueuse à son sujet.

Turk suit donc ses jeunes maîtresses, frôlant parfois leurs petites jambes de sa queue frétillante. Tout à l'heure, les enfants se retrouveront quelque part, là-haut sur la colline. Le rendez-vous est fixé à midi.

Bill prépare alors ce qu'il appelle son « matériel de guerre », un gros bâton noueux, son arc et ses flèches, puis il se met à marcher, flânant quelque peu à travers la végétation. De loin déjà, il aperçoit encore un moment les robes rouges de ses sœurs à travers le feuillage. Mais pourquoi les suivre des yeux ? elles connaissent les environs aussi bien que lui-même, elles ne risquent pas de se perdre.

Il avance tranquillement, tout à son jeu, quand subitement apparaissent devant lui trois garçons de son âge : ce sont de jeunes Indiens maigrichons, au visage cuivré, qui, livres sous le bras, semblent revenir de l'école des missions. Ils parlent un peu l'anglais.

Se cachant prestement derrière un arbre, Bill peut les observer à loisir. Ils passent en devisant gaiement et continuent leur chemin, suivis à distance, à présent, par notre ami. Le dernier, se sentant épié, fait volte-face et, la main en visière au-dessus des yeux, inspecte les alentours, telle une vraie sentinelle ! Bill s'est accroupi pour ne pas être vu ; souple comme un serpent, il se faufile dans leur direction entre les hautes herbes des prairies verdoyantes. Les Indiens sont toujours là, devant lui... À ce moment, l'un d'eux se baisse pour ramasser quelque chose. Qu'est-ce donc ? Le panier à provisions de ses sœurs ! Poussant un sifflement admiratif, celui à qui a échu cette bonne fortune montre à ses amis toutes les victuailles dont ils pourront se délecter. Riant de toutes leurs dents, ils en font déjà l'inventaire.

Si le panier est là, se dit Bill, qui réfléchit fébrilement, les filles ne doivent pas être loin ! Mais où ? Endormies, lasses d'attendre, dans un taillis voisin ? Cueillant des fleurs pour leur maman ? Il va falloir partir à leur recherche.

À présent, les Indiens se sont rapprochés de Bill, qui, sans y penser, s'est redressé ; ils le dévisagent en se poussant du coude. Son cœur se met à battre la chamade : il se saisit alors de son arc et le bande en direction des garçons, qui demeurent interdits. Une flèche part – une flèche sans pointe, rassurez-vous – et touche le plus grand, qui, de saisissement, laisse tomber le panier qu'il tenait à la main. Les deux autres se ruent alors vers l'assaillant, qui, de son côté, appelle Turk à son secours. Une bataille en règle commence alors : Bill ramasse le bâton posé à ses pieds et en frappe l'un de ses adversaires à l'épaule ; le trio veut le lui arracher. Bras et jambes s'entremêlent en un corps à corps passionné.

Au beau milieu de la mêlée, Bill se prend soudain à sourire : tout cela est bien plus excitant que l'attaque projetée ! Comme ce spectacle, vu de loin, doit être magnifique ! Exactement le genre de scène qu'il aimerait présenter un jour au théâtre… plus tard, quand il sera grand !

Mais revenons au présent : William Cody n'est pas du genre à se laisser démonter par quoi que ce soit, et encore moins à accepter une défaite. Très vite, il se relève et prend le dessus sur les trois gaillards :

– Vous êtes mes prisonniers, fait-il d'une voix impérieuse.

Sur ces entrefaites, Turk arrive sur les lieux et tourne en rond autour du groupe en jappant de plaisir : c'est sa manière à lui de crier victoire !

– Garde-les bien, mon vieux Turk, qu'ils ne se sauvent pas, lui recommande son maître en le caressant affectueusement.

Helen et Lydia ont elles aussi accouru au bruit de la bagarre, rouges et haletantes. Avec grand sérieux, Bill leur tient ce discours :

– Les guerriers que voici ont rompu le traité, attaqué le train, et volé nos provisions. Ils sont à notre merci ! Mais, voyez-vous, les filles, comme je suis un chef magnanime et que ma générosité n'a pas de limites, j'ai décidé de laisser la vie sauve à ces gredins !

D'un ton bref, il s'adresse alors à ses prisonniers :

– Toi, va ramasser mon arc ! Et vous deux, prenez le panier ! En avant, suivez-moi ! Une, deux ! Une, deux ! Maintenant, asseyez-vous contre ce chêne !

Helen regarde l'ennemi avec hauteur : elle est entrée dans le jeu de son frère et garde ses distances. Lydia, plus tendre, est prise de pitié et avance timidement :

– Ne crois-tu pas qu'ils ont faim, les pauvres ? Laisse-les partager notre repas, je t'en prie !

– C'était bien mon intention, ma chère petite sotte, fait-il gentiment, tout en regardant l'un après l'autre les Indiens, sur les lèvres desquels vient de naître un sourire hésitant :

– Soyons amis, propose Bill ! La vie est tellement plus belle lorsqu'on s'entend bien, ne pensez-vous pas ?

C'est ainsi qu'ensemble, dans la joie et la franche cordialité, ils savourent la dînette préparée le matin par

Lydia ; les victuailles disparaissent promptement, car les appétits ont été aiguisés par le grand air. Et en même temps s'effacent les mauvais souvenirs des premiers instants de leur rencontre.

L'après-midi touche à sa fin, il est temps de rentrer chez soi. Après une chaleureuse poignée de main qui scelle définitivement leur pacte d'amitié, Bill et ses sœurs reprennent le chemin du logis.

Sur le seuil, un peu inquiète, leur mère guette leur retour :

– Vous êtes bien tard, mes enfants, le repas attend depuis longtemps. J'espère que vous allez lui faire honneur !

Succulent, en effet, ce rôti de porc cuit à point ; exquises, les pommes de terre sautées qui l'accompagnent ; et le lait, servi dans de grandes jattes bleues, trouve trois amateurs à la gorge desséchée.

Le père n'a pas encore terminé son travail : il veut, avant la tombée de la nuit, finir de labourer son lopin de terre. Demain, d'autres tâches l'attendent, autant en terminer aujourd'hui avec celle-là.

Mangeant de bon appétit, les enfants racontent à leur mère leur équipée ; les conversations vont bon train. Chacun veut placer son petit mot. Ils sont particulièrement excités lorsqu'ils évoquent leur rencontre avec les jeunes Indiens. Le visage de Mary-Ann Cody, leur mère, se rembrunit un peu :

– Pensez-vous que de telles fréquentations soient

recommandables, mes chéris ? Vous savez bien que ces garçons sont de véritables sauvages. Je suis loin d'être enchantée de vous voir lier connaissance avec eux.

– Ils sont pourtant si gentils, plaident les enfants, désireux de défendre leurs nouveaux amis.

Leur mère pousse un soupir de découragement : elle sent déjà cette amitié solidement installée dans le cœur de ses enfants… Peut-être a-t-elle tort, après tout, peut-être ces jeunes Indiens ont-ils des qualités qu'elle ne soupçonne pas ? Ses réticences ne trahissent-elles pas un manque de générosité ?

Bientôt, c'est à Sam, le frère aîné, qu'on raconte par le menu les événements de la journée ; il revient justement des champs, brûlé par le soleil et couvert de poussière. La terre colle à ses souliers, et il se fait un devoir de les troquer contre d'autres afin de ne pas salir le plancher parfaitement ciré de la maison. Lui aussi se régale des bons plats posés devant lui, tout en écoutant d'une oreille distraite le récit de ses sœurs. Affalé sur sa chaise, écrasé par la fatigue, il songe au travail qu'il lui reste à accomplir avant le repos bien mérité. Bientôt, il replie sa serviette et se lève :

– Il faut que je reparte... Les vaches sont là-bas, sur la colline, il est l'heure de les rentrer.

Avec une petite moue hardie, Bill lui demande :

– Laisse-moi t'accompagner, Sam. J'ai la bougeotte, ce soir, et plein de fourmis dans les jambes.

Harassé par sa longue journée de travail, Sam est enchanté de ne pas avoir à refaire seul la route. D'un coup d'œil, il consulte sa mère : elle est d'accord.

– À condition que tu m'aides à traire les vaches, dit-il à son jeune frère.

Bill est prêt à tout accepter pourvu qu'il puisse enfourcher un cheval ! Et avec Sam, il pourra le faire... En effet, ses parents lui interdisent de monter à cheval seul, le trouvant encore trop jeune et surtout trop casse-cou pour cette discipline qui demande une grande maîtrise de soi. Mais, accompagné et surveillé par son frère, il peut s'adonner à sa passion.

De loin déjà, on entend de fougueux hennissements, cette musique chère au cœur de Bill. L'aîné s'approche de Betsy Baker, un cheval rapide et fougueux qu'il aime particulièrement, et suggère à son frère :

– Prends plutôt Rock Hill : c'est un animal doux et tranquille, peu enclin aux sautes d'humeur; je n'aimerais pas que tu choisisses une monture aussi capricieuse que la mienne !

L'enfant est ravi : que la bête soit plus ou moins lente n'a aucune importance à ses yeux; l'essentiel est de pouvoir monter en selle.

En compagnie de Turk, ils quittent alors la cour de la ferme. Le brave chien est d'une grande utilité, et s'il était capable d'ouvrir les barrières, nul n'aurait besoin de se déranger : lui seul suffirait à rentrer le troupeau à la maison.

Betsy Baker galope maintenant à travers la prairie, vif comme l'éclair; Rock Hill le suit paisiblement, à bonne distance. Dans l'enclos qui leur est réservé, les vaches, sentant proche l'heure de la traite, s'impatientent. On leur ouvre le portillon et elles se dirigent alors tranquillement en direction de la ferme. Seules quelques bêtes restent en arrière, cachées dans la pénombre naissante, et Sam doit envoyer Turk les chercher. Entêtée, une vieille vache refuse d'obéir. Le chien enfonce alors ses crocs dans une patte de la rebelle qui, de douleur, bondit en avant, détachant au passage une grosse pierre, qui va rouler à flanc de colline. Légèrement en contrebas se trouve Betsy Baker, le cheval de Sam. Effrayé par ce projectile, il se met à galoper ; et, le mors aux dents, se cabre lorsque Sam essaie d'en reprendre le contrôle. Pris de panique, il s'est emballé, et son cavalier se cramponne tant bien que mal à sa crinière :

– Non, Betsy, non, arrête-toi ! crie-t-il de toutes ses forces.

Et soudain, le cheval s'affaisse brusquement, projetant le jeune homme à terre.

Bill qui, non loin de là, rassemblait le troupeau, a entendu le bruit de cette folle chevauchée accompagnée de grands cris. Aussi vite que le lui permet l'allure calme et régulière de Rock Hill, il rejoint son frère, qu'il trouve étendu à terre, inanimé !

– Sam ! Sam ! hurle le garçonnet, effrayé, en s'agenouillant près du blessé. À côté de lui, Turk tourne en rond en gémissant.

– Sam, reprend-il, je t'en supplie, réponds-moi... regarde-moi...

Il ne lui semble plus percevoir aucun signe de vie, et, de seconde en seconde, le visage de son frère devient plus pâle et plus figé. Bill ne peut rien pour lui, sinon aller chercher du secours, et le plus vite possible !

Oubliant tout danger, il rejoint le fougueux Betsy Baker, qui s'était arrêté plus loin, le délivre des rênes dans lesquelles ses pattes s'étaient prises et saute en selle. Comme si l'animal sentait sa part de responsabilité dans le drame qui vient de se jouer et qu'il voulait se racheter, il file droit devant lui, en direction du lopin de terre où Isaac Cody travaille en ce moment. Quand le père apprend l'accident survenu à son fils aîné, il en reste muet de saisissement et d'appréhension. Puis il se ressaisit vite, car il n'y a pas de temps à perdre.

– Amène la charrette à l'endroit où s'est produit l'accident, dit-il à Bill, j'y serai moi-même arrivé entre-temps et je verrai ce qu'il y a lieu de faire.

Et il enfourche Betsy Baker, tandis que Bill le suit avec la voiture et les chevaux de labour, qu'il fouette sans répit pour les faire avancer plus rapidement. Parvenu sur les lieux du drame, il voit le visage de son père aussi livide que celui du blessé. Portant Sam dans ses bras, le pauvre homme le dépose avec précaution sur un lit de paille au fond du chariot.

– En avant ! ordonne-t-il d'une voix blanche, et de grosses larmes roulent sur ses joues.

– Père, oh ! Père ? fait Bill en tremblant, une interrogation muette dans la voix.

Isaac Cody baisse alors la tête, et son regard douloureux constitue à lui seul une réponse, celle-là même que le petit garçon redoutait :

– ... Oui, mon enfant, ton frère est mort !

Le sinistre convoi se met en route. Soudain, avec un sanglot dans la gorge, l'homme, qui a vieilli de dix ans en quelques minutes, se met à penser tout haut :

« Seigneur, si seulement j'étais parti à sa place... »

Chapitre II

EN ROUTE POUR LE KANSAS

Quelques semaines après la mort de Sam, la famille est réunie pour la veillée. Avec une attention soutenue, les enfants écoutent le père relire un chapitre de la Bible ; d'une année à l'autre, ils oublient les détails de cette longue histoire et retrouvent ainsi, à chaque fois avec plaisir, le récit passionnant. Brusquement, l'on entend un sanglot déchirant : la mère, à bout de nerfs, n'arrive plus à contenir sa peine et sa détresse :

– Partout où se portent mes regards, ici, à l'intérieur, comme aux alentours de notre maison, je crois voir apparaître mon enfant chéri. J'essaie de vaquer à mes occupations du mieux que je peux, d'être courageuse et de ne pas me plaindre, mais par moments, je sens mon cœur éclater de chagrin.

– Je sais, ma chérie, combien tu souffres et je n'ignore pas le mal que tu te donnes pour nous le cacher ; hélas, la blessure est la même pour chacun d'entre nous !

Une fois les enfants au lit, choisissant soigneusement ses mots, Isaac dévoile à sa femme le projet qui, depuis quelque temps déjà, lui trotte dans la tête :

– Un dépaysement nous serait salutaire à tous, voilà ce à quoi je songe depuis un bon moment. Que dirais-tu du Kansas ? J'ai appris récemment qu'à chaque nouvel émigrant, le gouvernement offre, en signe d'encouragement, cent soixante acres de terrain ; ce n'est pas un mauvais début ! Les fillettes et toi pourriez rester un certain temps à Weston chez mon frère Elijah, tandis que Bill et moi, nous nous mettrions à la recherche d'une maison et d'un gagne-pain.

Comme tous les hommes de son âge, Isaac Cody pense au futur et envisage volontiers son avenir dans l'Ouest. En cette année 1852, en effet, la glorieuse épopée de la ruée vers l'or californien représente une tentation permanente pour un père de famille, conscient des besoins toujours croissants de son foyer.

Mary-Ann, un instant, fronce les sourcils :

– Et l'école ? Y a-t-il des écoles là-bas pour nos enfants ?

– Bien sûr, ma chérie ; d'ailleurs, en ce qui concerne

notre Bill, je ne pense pas que ça lui manquerait outre mesure ! Il me semble plutôt allergique à l'odeur de la craie, fait-il en souriant tendrement à son épouse.

– Eh bien, s'il en est ainsi, mettons-nous en route !

Quand, le lendemain matin, à son réveil, le jeune garçon entend parler de ce projet, il saute de joie, et bientôt la maison connaît force préparatifs, effectués dans la fièvre et l'impatience. Isaac met tout en œuvre pour liquider au plus vite la ferme et tout ce qu'elle contient, à l'exception des mules et des chevaux, qu'il désire emmener.

Pour entasser toutes leurs affaires, il achète une grande voiture couverte, spécialement construite pour les pionniers. Les filles et leur maman voyageront dans une voiture familiale, tirée par un attelage aux harnais argentés, tandis que Bill et son père escorteront le convoi à travers l'Iowa et le Missouri, fusil en bandoulière, le fidèle Turk à leurs côtés.

Le trajet jusqu'à la ferme de l'oncle Elijah prend trente jours, au cours desquels toute la famille, par la pensée, se prépare à sa nouvelle existence.

Puis, après une courte semaine de repos bien mérité, le père et le fils s'apprêtent à poursuivre leur route en éclaireurs. Mary-Ann, le cœur serré, est réticente à l'idée de voir son rejeton livré si jeune à ces dangers qui le guetteront à chaque pas.

– Laisse-moi l'emmener, intervient son mari, il est temps que notre fils apprenne un métier d'homme !

Un métier, mais lequel ? Pendant ces quelques jours

passés à la ferme de Weston, Isaac a observé ce qui se passe autour de lui, et un projet a germé dans son esprit :

« Puisque mon frère gagne bien sa vie en faisant du commerce avec les Indiens, pourquoi ne ferais-je pas comme lui ? Tout en cherchant l'endroit idéal pour y installer au plus vite ma famille, je vendrais de la marchandise à ceux qui n'attendent que l'occasion de pouvoir en acheter. »

Elijah ne souhaite pas voir partir son frère et essaie par tous les moyens de l'en dissuader ; mais Isaac évoque les nombreux chercheurs d'or qu'il a rencontrés ces derniers temps, revenant de l'Ouest les poches remplies : il ne se laisse donc pas fléchir, sa décision est ferme !

Le Kansas est une belle région, fertile, propice à l'exploitation ; c'est donc avec ardeur qu'il se met en route. Bill l'aide à charger la voiture de ces marchandises particulièrement appréciées par les Indiens : perles de couleur, couteaux de chasse et pots en fonte. Des chaînes et du tabac, aussi. Et des balles entières de calicot rouge. Et il ne faut pas oublier des fourrures, qu'ils pourront troquer contre du sucre et des vêtements... De quoi satisfaire tout le monde !

Isaac et Bill ne sont pas seuls à suivre cette route ; en effet, une énorme caravane se forme au fil des jours. Tous ont le même but : les prairies verdoyantes du Kansas. Le voyage est long ; de temps en temps, une halte s'impose pour le repos des hommes et des bêtes. On passe la nuit à la belle étoile. Dès l'aube, Isaac inspecte les alentours et, pointant du doigt une vallée verdoyante, il déclare :

– Voilà Salt Creek Valley, n'est-ce pas un endroit merveilleux ? Au-delà de cette vallée se trouvent des prairies, rien que des prairies, et ensuite, vient le désert. C'est dans cette vallée que nous nous installerons.

– Mais où sont donc les Indiens ? s'inquiète Bill, tout déçu. Je n'en vois nulle part,

– Ne t'en fais pas, il y en a, crois-moi : dès qu'ils sauront que nous ouvrons un commerce, ils accourront, ils n'attendent que ça !

C'est la vérité : rapidement, Isaac fait de brillantes affaires : ils viennent tous là, hommes, femmes et enfants, pour négocier avec les nouveaux commerçants. D'apparence aimable, ceux-ci inspirent confiance, et Bill, très vite, se lie d'amitié avec des garçons de son âge. Il apprend leur langue, les coutumes qui leur sont propres et cette façon particulière qu'ils ont de manier les armes.

Un matin, le père et le fils décident de monter vers Fort Leavenworth, une robuste forteresse bâtie sur une plate-forme perchée au-dessus du Missouri et surplombant la petite cité de Leavenworth. C'est un important poste militaire, et pour la première fois de sa vie, Bill peut admirer des soldats en uniforme, prêts pour la parade. Épées et fusils scintillent dans la lumière vive du soleil ; les chevaux avancent avec une grâce majestueuse, tandis que le son du tambour résonne fièrement, faisant écho dans le cœur de Bill, qui exulte.

Dans ces contrées, les paysages sont magnifiques, d'une beauté à vous couper le souffle. Voilà que dans la vallée, sur une longueur d'environ quatre miles, s'étend une suite ininterrompue de voitures. Le convoi avance avec une lenteur religieuse – on dirait presque une procession –, certains véhicules sont tirés par huit bœufs à moitié sauvages, qui se révoltent parfois sous le joug. Il s'agit là de chargements appartenant à la firme Russell, Majors et Waddell, transporteurs officiels du gouvernement, qui, de la sorte, approvisionnent les postes éloignés.

Apercevant la frontière toute proche, Isaac saisit l'occasion d'aborder avec son fils des questions de société et de politique :

– Tu sais, mon garçon, qu'il existe dans le Sud d'importantes plantations. Pour les exploiter, leurs propriétaires se servent d'esclaves, qu'ils font travailler sans leur donner un sou. Ces gens-là, les Sudistes, ne peuvent imaginer un seul instant qu'il en aille autrement. Dans le Nord, au contraire, les États viennent de voter une loi contre l'esclavage. Au Kansas, les colons souhaitent ardemment pouvoir décider par un vote s'ils accepteront ou non l'esclavage.

C'est chez son oncle Elijah que Bill a vu pour la première fois un esclave, un Noir à l'aspect triste et pitoyable. Déconcerté à l'idée qu'il puisse exister des êtres à peau aussi foncée, sans qu'ils aient été brûlés par les rayons du soleil, ce spectacle avait fait sur lui une très forte impression.

– Et vous-même, père, qu'en pensez-vous ?

– J'ai horreur de l'esclavage sous toutes ses formes : l'homme doit être libre, et je ferai tout ce qui est en mon pouvoir pour défendre ceux que l'on veut ainsi opprimer.

– Croyez-vous que ce pourrait être la cause de troubles ?

– J'espère que non, fait Isaac d'une voix rassurante, en sentant l'inquiétude monter chez son fils.

Chemin faisant, ils croisent des hommes au visage rude et féroce, coiffés d'immenses chapeaux qui leur tombent sur les yeux ; leurs pantalons sont rentrés à l'intérieur des bottes et les ceinturons sont largement pourvus de pistolets. De vrais forbans, et pas des plus sympathiques !

L'heure est venue de redescendre dans la vallée. Alors que son père retourne à ses occupations, Bill, dans la forêt voisine, se met en quête de quelque gibier : il ne suffit pas d'avoir trouvé un gîte, encore faut-il penser à la nourriture quotidienne.

Avec son flair habituel, il découvre bientôt un cerf, blotti au creux d'un buisson ; il porte son fusil à l'épaule, prêt à tirer, mais l'émotion fait trembler si fort sa main qu'il ne parvient pas à viser. L'animal a tout le temps de se sauver. Turk lance à son maître un regard empli de reproches : comment pareille maladresse a-t-elle pu lui arriver ? Soudain, la chance se représente ; cette fois, il ne la laissera pas passer ! Il vise le chevreuil juste entre les deux épaules, appuie sur la gâchette et l'atteint en plein cœur.

Mais comment le transporter ? Après avoir placé son cheval au pied d'une petite butte, il parvient péniblement à glisser le chevreuil en travers de la selle et, fier de sa chasse, il prend le chemin du retour.

Turk est parti en avant, mais, soudain, on entend au loin ses aboiements, qui vont en s'amplifiant. En dépit de la charge qui ralentit la marche de sa jument, Bill se hâte de rejoindre son chien. Ses cheveux se dressent sur sa tête lorsqu'il constate la lutte féroce qui met aux prises son fidèle compagnon à un énorme puma. Bill s'élance vers les animaux en furie. Par ses cris et ses gestes, il tente de faire fuir le fauve furieux ; en vain ! Il tire alors, à bout portant, une, deux, trois balles dans la tête du puma, qui s'écroule d'une pièce. Tout tremblant, Turk vient se frotter aux jambes de son maître qui, elles, ne tremblent pas.

– Très bien, mon ami, le félicite son père en le voyant rentrer avec les deux dépouilles. Il y a de nouveau deux hommes dans la famille !

Fier de ce compliment bien mérité, l'enfant se rengorge :

– Le puma, je l'ai tué pour sauver la vie de notre brave Turk. Et il raconte ses exploits, sans oublier le moindre détail.

Personne ne sait encore, à cette époque-là, qu'un jour viendra où le monde entier s'extasiera devant son habileté au tir et qu'il deviendra si célèbre, quelques années plus tard, qu'une lettre, sans autre adresse qu'un dessin le représentant, arrivera parfaitement à destination !

Chapitre III

PRINCE ET LES CHEVAUX DE L'ARMÉE

Parmi les nouveaux amis de Bill, il en est un qu'il préfère entre tous : c'est l'Indien Long Bow, qui a le même âge et les mêmes goûts que les siens. Leurs relations sont empreintes de simplicité confiante et de camaraderie joyeuse ; souvent, le soir, après leur travail, ils se rejoignent au bord de la rivière pour bavarder un peu.

Par une tiède soirée de mai, voilà Long Bow qui arrive sur son cheval pommelé, admirablement paré pour la promenade ; près de lui trottine un ravissant poney, au cou gracile, à la tête fine et menue. Mais ce que Bill admire le plus en lui, c'est sa robe blanche tachetée de noir.

– Tu en as de la chance de posséder un si joli poney ! Moi, je serais au comble du bonheur s'il m'appartenait... Les mules, c'est bien gentil et bien utile, d'accord, mais ce poney est tellement, tellement mignon !

Tout en s'exclamant ainsi, il lance vers le petit cheval un long regard d'envie.

Long Bow sourit mystérieusement, comme quelqu'un qui s'apprête à faire une bonne surprise. Et c'en est une, et de taille, le lendemain, quand il paraît de fort bonne heure dans l'entrebâillement de la porte :

– Tu m'as bien dit hier que mon poney te plaisait, n'est-ce pas ?

Le cœur battant, plein d'espoir, Bill se risque à poser à son visiteur la question qui lui brûle les lèvres :

– C'est vrai, tu as réfléchi, tu acceptes de me le vendre ?

– Pour ça non, il n'en est pas question !

Savourant la déconvenue qui se lit sur le visage de son ami – car il sait qu'elle ne sera que de courte durée –, il poursuit :

– Je ne vends pas mon poney, je l'aime beaucoup trop pour cela, mais je te le donne, il est à toi !

Bill reste cloué sur place, comme frappé de stupeur. Il regarde Long Bow, une larme au coin de l'œil, et court demander à son père la permission d'accepter un tel cadeau.

– Allons bon, fait Isaac Cody d'une voix bourrue, que te veut donc cet Indien ?

– Tout ce qu'il désire, c'est m'offrir cet adorable petit cheval que voici en gage d'amitié. Père, je vous en prie, dites oui !

– Hmm ! Si tu te sens capable de l'élever, je suis d'accord, mais que ton travail n'en souffre pas, mon fils.

Déjà Bill fait ses projets : il apprendra à le monter dans les prairies, où l'herbe est douce ; il travaillera avec une ardeur redoublée, en ne consacrant au poney que ses seuls instants de liberté.

Après avoir attaché son nouvel ami à un arbre, il chuchote quelque chose à l'oreille de son père, qui sourit en guise d'approbation. Bill grimpe alors dans la voiture et en revient avec un superbe couteau de chasse, dont le manche en os enchâsse une lame brillante et acérée, le tout glissé dans un étui de cuir rouge.

Il le tend à Long Bow, qui fait mine de ne rien voir.

– Tiens, voilà pour toi !

Le jeune Indien ne bouge pas davantage, il semble froissé :

– Mais je ne t'ai pas vendu le poney ; je te l'ai donné !

– Moi non plus, je ne te vends pas le couteau ; je te l'offre !

Alors seulement, lentement, le jeune Indien se saisit du couteau, le dégaine, en caresse respectueusement la lame du bout des doigts, puis, après l'avoir remis dans son fourreau, le glisse dans sa ceinture et s'en retourne chez lui. De très loin encore, il fait à Bill de grands signes de la main.

– Quel nom vais-je bien pouvoir lui donner, à ce fier poney, aux airs de grand seigneur ? J'ai trouvé : il s'appellera Prince !

Bill se met à lui caresser l'encolure pour le rassurer ; puis il l'entraîne vers l'endroit de la rivière où il a coutume d'aller laver ses vêtements. Pendant que le poney boit, son nouveau maître lui murmure avec douceur :

– Sois tranquille, personne ne te veut de mal ici ; tu es une brave bête, et je sens que nous nous aimerons beaucoup !

Son père, qui était en train de se reposer, le voit revenir et lui suggère :

– Je crois que le moment est venu de le monter ; essaie donc, mais sois prudent !

Bill harnache le poney, puis, bien assis en selle et tenant souplement les brides, le fait avancer lentement pour une petite promenade ; pour la première fois, il ne faut pas en demander trop. Au bout d'un moment, l'animal se met à trotter, puis, de son propre gré, galope à travers la vallée, vite, de plus en plus vite, en direction du village indien : il veut rentrer chez lui ! Voyant cela, Bill tire fermement sur les rênes, afin d'amener Prince vers la gauche. Mais, désireux d'affirmer sa volonté bien arrêtée, le poney file en ligne

droite vers le village de Long Bow. Il juge le moment venu de donner une leçon à son cavalier : il saute d'abord très haut, puis fait volte-face très rapidement, ce qui désarçonne le garçon.

Soudain, il pousse un hennissement : Bill est par terre, et, curieusement, il semble le regretter. Heureusement, le sol n'est pas trop dur, et l'atterrissage n'a pas été trop brutal. Cependant, le petit malin a profité de la déconvenue de son jeune maître pour se sauver, et Bill doit courir à sa recherche.

Sous la clarté de ce bel après-midi ensoleillé, la campagne s'étend au loin comme une mer calme ; à l'horizon, un troupeau de bisons passe, minuscules comme des insectes. Prince n'est pas en vue, pourtant, il faut le retrouver. Mais où ? Peut-être a-t-il rejoint le village indien, que l'on aperçoit juché sur une colline. Bill est fort ennuyé à l'idée du souci que doit se faire son père en ne les voyant pas rentrer à l'heure prévue ; mais il ne veut pas perdre Prince, son petit cheval rebelle !

Un peu plus loin, heureusement, il aperçoit le poney, arrêté paisiblement, arrachant avec ardeur une herbe fraîche et savoureuse. Trois cavaliers sont près de lui ; ils regardent le jeune garçon qui arrive à pied, moqueurs, et pointent le doigt vers les vêtements poussiéreux, que Bill s'efforce de brosser de la main :

– Tu ne vas pas nous raconter que c'est ce gentil petit cheval qui t'a projeté à terre ? fait l'un d'eux, ironique.

– Eh bien, si ! Et sans se gêner, je vous prie de le

croire ! D'ailleurs, si vous ne l'aviez pas arrêté, il courrait toujours.

Un peu penaud, il avoue :

– C'était la première fois que je le montais, et lui rêvait de retourner chez ses anciens amis.

Les trois hommes éclatent de rire ; leurs longs cheveux flottent sur leurs épaules, et leurs faces basanées, encadrées de longues barbes, sont épanouies comme une pleine lune. À côté d'eux, leurs chevaux, lourdement chargés de ballots, piaffent impatiemment.

– Je vais t'apprendre quelque chose, dit alors l'un des trappeurs : pour mener un cheval, il ne faut surtout pas tirer sur les rênes, car ce n'est pas par la force qu'on mate les bêtes. Pas plus que les hommes, d'ailleurs.

Bill retiendra la leçon ; il remercie ses compagnons de leur aide et chemine un instant avec eux. On bavarde.

– Nous revenons tout droit de Californie, où nous comptions trouver de l'or en quantité, mais comme tu nous vois là, nous rentrons bredouilles. À peine si, ce dernier mois, nous avons eu la chance de débusquer quelques renards et castors, dont nous espérons vendre les fourrures avec un bon bénéfice. À propos, as-tu déjà entendu parler d'un certain Elijah Cody ? C'est un commerçant qui habiterait la région, m'a-t-on dit.

– Si je le connais ? Fort bien ! C'est mon oncle, et il demeure à Weston.

– Ton oncle ? Mais c'est le mien aussi ! Je me nomme Horace Billings.

– Et moi, je suis le fils d'Isaac Cody ; nous serions donc cousins ? Comme le monde est petit !

Et Horace, avec un large sourire, de lui donner une grande tape amicale dans le dos.

Bill emmène les trois hommes à la maison. Depuis peu, la famille Cody est de nouveau au complet. Grâce à ses premiers bénéfices, en effet, Isaac a pu faire venir sa femme et ses deux filles. Sur le seuil, il attend avec impatience, car depuis la mort de Sam, il se montre facilement inquiet : pour sa première sortie avec Prince, Bill est vraiment resté trop longtemps absent. Il s'apprêtait justement à partir à sa rencontre !

L'enfant lui narre son aventure et fait les présentations...

– Enchanté de vous connaître, cousin. Qu'est-ce qui vous amène par ici ?

– Je recherche Elijah, mon oncle ; on dit qu'il a un commerce fort prospère, et je voudrais lui vendre mes fourrures.

Isaac invite les hommes à se mettre à l'aise :

– Débarrassez-vous et venez à table, mes amis ; le dimanche, nous faisons la cuisine pour le restant de la semaine, aussi, n'ayez crainte, il y a largement assez pour tout le monde.

Ils attaquent donc le repas avec un appétit féroce, et Bill, qui est loin d'être le moins affamé, leur tient joyeusement compagnie.

Pendant son absence, son père a eu de la visite. Des soldats, venus de Leavenworth, lui ont fait part de la nouvelle qu'ils doivent répandre à travers le pays : deux à trois cents chevaux appartenant à l'armée se sont enfuis et errent à présent librement quelque part dans les plaines du Kansas. Le gouvernement promet dix dollars par bête retrouvée.

– Voilà un travail pour moi, se dit Horace Billings en entendant ces conditions. Qu'en penses-tu, Bill ? Si, après avoir cédé ma marchandise à notre oncle, nous nous mettions en route ensemble à la recherche de ces braves bêtes ?

– Volontiers ! Quand partons-nous ? demande Bill, tout joyeux.

Mary-Ann Cody, venue sur ces entrefaites servir le dessert à ses visiteurs, se récrie :

– Oh, non ! c'est bien trop dangereux pour toi !

– Voyons, ma cousine, vous n'allez pas faire de votre fils une mauviette ? Ne vous inquiétez pas, je le prendrai sous mon aile !

La nuit est venue. Bill, très agité, rêve de cette équipée et se voit déjà galopant avec son cousin.

De grand matin, les trois hommes quittent la maison en direction de Weston, où ils vont vendre leurs fourrures. Des semaines durant, on n'entend plus parler d'eux. Le jeune garçon sombre dans le désespoir : « Horace m'aurait-il oublié ? »

Mais voilà qu'un soir, alors qu'il est agenouillé devant l'âtre pour attiser le feu, Bill entend venir sur la route poussiéreuse un cavalier dont la monture martèle le sol. Sa silhouette se détache sur le ciel rosé. Clignant des yeux, l'enfant retient son souffle : « Cette fois, c'est lui, il est revenu ! »

Et il s'élance au-devant d'Horace Billings pour l'accueillir :

– J'ai eu si peur que vous ne teniez pas votre promesse !

– Ce n'est pas moi le coupable : ce sont mes partenaires, qui ne voulaient pas revenir. Je les ai donc quittés et me voilà ! À nous deux, maintenant.

Le regard de Bill brille d'un feu intense tandis qu'Horace descend de selle. Défaisant la corde qui retient son chargement, il repousse la couverture de peau qui recouvre l'échine de son cheval. Le garçon écarquille les yeux et reste muet devant le contenu du sac qu'Horace lui tend : des rênes, un mors, des éperons.

– Voilà ton équipement ! Avec ça, tu devrais pouvoir travailler correctement !

Ils entrent et passent dans la salle de séjour, pendant que le cheval fait demi-tour et se dirige tout seul vers le bord de la rivière. Horace bavarde beaucoup et, devant un auditoire passionné, il raconte son récent séjour au Far West. C'est un récit haut en couleur qui n'en finit pas.

Le lendemain matin, Bill se réveille encore plus tôt qu'à l'accoutumée ; il s'habille rapidement puis passe à Prince son nouveau harnachement. Et il saute en selle, droit et fier.

De la pointe de ses éperons neufs, il effleure les côtes

de l'animal, et en avant : d'abord au trot, puis au galop. Ensuite, il oblige le petit cheval à se cabrer.

– Un vrai numéro de cirque, jubile le garçonnet en songeant peut-être déjà à un spectacle futur.

Pendant toute la semaine, Horace apprend à Bill comment maîtriser et entraîner un poney. Puis un jour, ils se dirigent vers Leavenworth, d'où ils peuvent apercevoir, au loin, la réserve indienne, qui est limitée par une autre rivière : la Plum Creek.

Horace explique alors son plan d'action :

– Je parie ma selle et mes bottes que les chevaux de l'armée se trouvent dans l'espace confiné entre les deux vallées ; peut-être même y ont-ils rejoint une bande de chevaux sauvages. Si nous nous dirigeons par là, en passant au peigne fin toute la région, je suis convaincu que nous les retrouverons.

Ils sillonnent donc la contrée de long en large, patiemment, jour après jour. Sans succès, hélas, ils n'aperçoivent pas le moindre cheval durant toutes ces journées éreintantes, sous un soleil de plomb.

Un jour, vers midi, les deux compagnons font halte au sommet d'une colline qui avoisine le village indien. Les huttes sont toutes tournées vers l'est et, autour d'elles, paissent des poneys, que gardent de jeunes garçons. Parmi eux, Bill reconnaît Long Bow, lequel vient également de l'apercevoir :

– Venez et soyez les bienvenus chez nous, dit-il en les entraînant vers sa tente, où sa mère leur sert de la viande séchée, préparée avec toutes sortes d'herbes et accompagnée de bouillie de maïs. Comme dessert, ils reçoivent des gâteaux de miel, fraîchement sortis de la cendre chaude d'un feu de bois.

Pour les remercier de leur hospitalité, Horace leur offre du tabac, et ils se mettent à fumer paisiblement tout en bavardant. C'est précisément ce que leur visiteur a en tête : les faire parler...

– Avez-vous une idée de l'endroit où pourraient se trouver les chevaux de l'armée ? Peut-être avez-vous vu la direction qu'ils ont prise en quittant leur enclos ?

Les Indiens sont des hommes taiseux et discrets ; ils discutent de choses et d'autres, certes, mais jamais ils ne divulguent un secret ; pourtant, Horace en est persuadé, ils détiennent la clef de ce mystère.

Il se fait tard et, sentant eux-mêmes la fatigue les gagner, les Indiens convient leurs hôtes à prendre du repos dans un tipi. Quel soulagement de ne pas devoir s'aventurer dans la nuit !

Le lendemain matin, tout en serrant fortement la main de son ami, Long Bow lui glisse à l'oreille :

– Montez vers le nord ; dans un instant, je vous rejoindrai et je vous dirai où sont les chevaux que vous cherchez !

Alors qu'ils chevauchent depuis une bonne demi-heure, les deux compagnons entendent soudain derrière eux un martèlement de sabots. Ainsi qu'il leur avait promis, Long Bow les a rejoints sur son cheval pie.

– Là-haut, montre-t-il du doigt, les chevaux de l'armée sont là-haut !

Cheminant à travers la vallée, tous trois atteignent la colline boisée, qu'ils se mettent à gravir. Parvenus au sommet, ils entendent alors un hennissement strident provenant d'un coin de terre où l'herbe verte invite à la pâture. Soudain, ils se trouvent face à face avec une bête sauvage : imaginez un étalon noir, au poitrail puissant, à l'œil sombre et farouche. Sa crinière lui descend jusqu'aux genoux.

– Voilà un cheval sauvage, dit Long Bow.

– Et en voici d'autres, ajoute Horace en le voyant suivi d'une trentaine de juments et de poulains.

Comme répondant à un signe de commandement invisible, la troupe fait halte, tandis que le vieux chef velu suit la pente avec prudence, balançant la tête d'un côté, puis de l'autre.

– Comment se fait-il qu'ils s'écartent de nous ? questionne Bill.

– Ils se méfient. Leur chef sent seulement que des chevaux nous accompagnent. Voyez-le flairer le sol, nez à terre, comme un chien suivant une trace. Si l'ouïe d'un cheval est particulièrement fine, son odorat l'est plus encore !

La harde de chevaux sauvages disparaît bientôt, et Bill et ses amis poursuivent leurs recherches jusqu'au moment où, enfin, ils découvrent les chevaux de l'armée, qui broutent paisiblement.

– Vois-tu, fiston, constate le cousin, ceux-ci n'ont pas de chef, personne pour les diriger ; il sera donc facile de nous en rendre maîtres.

Ils ne sont pourtant pas au bout de leurs peines : de derrière un bosquet touffu, surgissent d'autres chevaux sauvages. Leur chef, un étalon au regard farouche, fouette l'air de sa queue en apercevant les chevaux de l'armée. Ceux-ci lèvent la tête et, en un accord tacite, se mettent en marche vers la vallée.

– Laissons-les jusqu'à ce qu'ils s'arrêtent, puisqu'ils vont dans la bonne direction. Alors seulement, nous les capturerons !

Arrivés à l'endroit où Salt Creek et Plum Creek se rejoignent, nos amis constatent que les eaux, grossies par les pluies de printemps et la fonte des neiges, sont trop profondes pour pouvoir se risquer à les traverser.

Ils font donc demi-tour et se trouvent bientôt face aux chevaux sauvages. Leur chef, furieux, fonce sur l'un des chevaux de l'armée et, d'un coup de dents, lui arrache un lambeau de peau. Il s'apprête ensuite à attaquer Prince, mais Bill a prévu le coup : il a sorti de sa sacoche une corde dont il a fait un lasso, et il parvient à attraper l'animal d'un lancer de lasso digne d'un cow-boy chevronné. Horace lui donne un coup de main pour maîtriser le cheval sauvage.

– Maintenant, il a vu de quoi tu étais capable, s'entend-il dire, toi présent, plus rien ne peut arriver à notre troupeau de chevaux.

Et c'est ainsi que Bill, son cousin Horace et son ami indien Long Bow reconduisent le troupeau vers Fort Leavenworth, où l'on crie au miracle en les voyant ramener les chevaux perdus.

Sur le chemin du retour vers la maison d'Isaac Cody, ils croisent un homme à bord d'une carriole tirée par un couple de mules. Le conducteur, dont le regard est perçant, fait stopper son équipage, descend de voiture et s'adresse au jeune garçon :

– Comment te nommes-tu, mon enfant ?

– William Cody, monsieur.

– Alors, tu n'es pas un étranger pour moi, je connais très bien ton père, que chacun dans cette région apprécie comme un homme de valeur. Quant à toi, petit, lorsqu'à ton âge, on monte aussi bien à cheval, on est plus tard capable de bien d'autres choses encore ! Mon nom est Russell, et si un jour tu cherchais du travail, pense à moi et viens me rendre visite à Leavenworth.

Bill rougit du compliment, mais il se ressaisit bien vite :

– Vous êtes ce monsieur Russell à qui appartient la grande entreprise de transports transcontinentaux ?

– Lui-même... et si je puis te rendre un service quelconque, sois certain que je n'y manquerai pas. Au plaisir de vous revoir, messieurs !

Lorsqu'il s'est éloigné, Bill entend Horace lui dire avec une intonation non dénuée de respect :

– As-tu remarqué la manière dont cet homme s'est adressé à toi, qui n'as pas encore dix ans ? J'ai la nette impression que cette rencontre d'aujourd'hui représente la chance de ta vie !

Bill rentre le cœur content : si, au cours de ses précédentes randonnées, il a appris à suivre les pistes, à traquer le gibier, à avoir l'œil ouvert, partout et toujours, cette chasse aux chevaux lui laisse un souvenir unique entre tous et, si ce n'était le devoir de rester aux côtés de son père, il accomplirait son rêve le plus cher : repartir, dès le lendemain, à l'aventure. Car pour Bill, l'aventure, c'est la vie !

Chapitre IV

KANSAS SANGLANT

Par un soir d'été, un an environ après ces événements, Isaac Cody charge la charrette à foin. Il faut partir très tôt, le lendemain matin, livrer ce chargement à Fort Leavenworth. Avec humeur, Bill retire de sa chemise les bouts de paille qui lui chatouillent le dos ; son front est couvert de sueur et de poussière. Vite, il faut encore nourrir les bêtes avant de se rendre à la rivière se rafraîchir et se laver.

Une heure passe et déjà la lune se lève comme un disque d'or dans le ciel pur. D'avance, il se délecte du bon repas qui l'attend à la maison.

– Bill ! Bill ! appellent ses sœurs, dépêche-toi donc, sans quoi tu n'auras plus rien à manger !

– Ah ! vous croyez ça ? Eh bien, c'est ce qu'on va voir !

En effet, il n'est pas question de l'appeler deux fois tant il a faim ce soir. En trombe, il entre dans la maison et se laisse tomber sur sa chaise, s'attirant un regard sévère et courroucé du chef de famille, qui est prêt à commencer la prière en commun. À peine celle-ci est-elle terminée que le garçon, affamé, saisit d'une main un morceau de pain, et de l'autre, une tranche de viande qu'il porte avidement à la bouche. Il n'entend même pas les reproches d'Helen, qui essuie les traces de ses pas sur le sol de la cuisine, sol qu'elle avait nettoyé juste avant son arrivée et qu'il a mouillé de ses pieds nus.

– Quel glouton ! lance Lydia, indignée.

– Mêle-toi de ce qui te regarde, veux-tu ? lui réplique-t-il, peu amène.

– Allons, mes enfants, intervient la maman, ne vous disputez pas ainsi sans cesse, vous savez bien que j'ai horreur de cela !

– Voyons, maman, ne nous ôtez pas le plaisir de nous chicaner un peu, vous savez combien cela nous a manqué lorsque nous étions séparés les uns des autres, fait Bill, les joues en feu.

Maintenant que tous se sont habitués à leur nouvelle existence, le bonheur et l'harmonie règnent de nouveau dans la maison des Cody. Elle est belle, d'ailleurs, cette bâtisse qu'ils ont construite avec amour : chacun y a sa chambre, spacieuse et claire ; dans la salle à manger, un bon feu de bois diffuse une douce chaleur et des parfums agréables s'échappent de la cuisine. Une étable et un hangar à voitures complètent cet ensemble, auquel s'ajoute encore un local muni d'étagères pour y entreposer les marchandises. Que souhaiter de plus ?

Le front d'Isaac Cody s'est marqué de large rides.

– À quoi penses-tu, mon ami, pour paraître subitement si inquiet ?

Il sursaute et, avec effort, grimace un sourire à sa femme :

– La vallée est pleine d'immigrants ; tous les jours, il en arrive de nouveaux. Hier encore, une famille entière s'est installée à un mile d'ici, avec un tas d'esclaves, qu'ils chargeront sûrement des travaux les plus pénibles.

– Les habitants du Kansas ont voté une loi permettant aux propriétaires d'esclaves de s'installer ici. Alors, pourquoi t'irriter ?

– Les choses se sont passées irrégulièrement : des milliers de gens ont traversé le Missouri pour venir exprimer ici leur opinion lors du vote, sans en avoir le droit, à la force de leurs armes, afin qu'on ne puisse les en empêcher. Mais ils ne résident pas au Kansas ; peut-on dire alors que ce vote est valable ?

– Tu n'aurais rien pu faire contre eux, mon pauvre ami !

– C'est vrai, hélas ! mais si l'on fait entendre sa voix

par le truchement du canon et de la poudre, la démocratie, dans laquelle nous sommes censés vivre, n'en est plus une. Il faut lutter sans cesse, et je n'abandonnerai pas.

Les idées de madame Cody sur l'esclavage sont les mêmes que celles de son mari, mais ce soir encore, comme à chaque fois qu'il doit se rendre au comptoir commercial de Riveley, où se trouve le quartier général des proesclavagistes, elle le supplie de ne rien dire. Pourquoi risquer la colère de ces scélérats ? Ils sont violents et puissants dans leur détermination à faire du Kansas un pays d'esclaves...

– Chacun a le droit d'affirmer ce qu'il pense, me semble-t-il, lui rétorque son mari.

– Mais ce serait pure folie de mettre ainsi ta vie en péril face à une bande d'êtres sans scrupules.

Las de discuter d'un sujet où son impuissance lui fait si mal, Isaac se retire :

– Bonsoir, tout le monde. Allons nous coucher, il est déjà très tard et une rude journée nous attend demain !

À quatre heures du matin, voilà donc Bill et son père partis pour Fort Leavenworth, où se trouve le dépôt de fournitures pour toutes les garnisons de l'Ouest. Passant devant le poste de garde, les deux Cody pénètrent dans la cour et se dirigent vers les vieilles étables pour y déposer leur foin. Leur tâche terminée, ils s'en vont vers la petite ville de Leavenworth, que le jeune garçon connaît à peine et qu'il désire visiter. En récompense de son aide matinale, il a même obtenu la permission de mener l'équipage, et il est inutile de dire qu'il s'en tire fort bien.

Cette ville a rapidement grandi : quand les Cody sont arrivés au Kansas, elle comptait environ huit cents habitants. Maintenant, selon le dernier recensement, on approche des huit mille. Pour l'entreprise Russell, Majors et Waddell, il en va de même : sept mille hommes travaillent pour elle. Elle utilise six mille voitures de transport couvertes et soixante-quinze mille bœufs ; en plus de cela, elle a acquis des dizaines de milliers de bêtes à cornes qu'elle revend à l'armée. Ses installations sont tellement étendues qu'elles constituent, à elles seules, une petite cité.

Dans son for intérieur, Bill souhaite, au cours de sa visite, rencontrer monsieur Russell. Comme par miracle, celui-ci vient justement au-devant d'eux, avec une lueur de sympathie dans le regard. S'adressant à Isaac Cody, il le félicite :

– À ce que j'ai vu, vous avez un habile conducteur de mules dans la famille ! Pour un gamin de neuf ans, il se débrouille bien, le coquin !

Et les deux hommes se quittent sur une franche poignée de mains, ponctuée d'un grand rire.

Pour rentrer à la maison, il faut passer par Riveley. Une foule grouillante et bruyante se trouve devant le comptoir de marchandises, écoutant un homme encore jeune qui, debout sur une caisse renversée, harangue la foule.

– Allons voir ce qui se passe, s'écrie le garçon,

poussé par la curiosité. Formidable ! Ce doit être une réunion politique !

En s'approchant du groupe, ils se rendent compte qu'il s'agit, en effet, d'un meeting au cours duquel, une fois de plus, on débat du problème de l'esclavage. Parmi les manifestants, Charlie Dunne, un des anciens employés d'Elijah Cody, reconnaît Isaac. Connaissant les opinions du frère de son ex-patron, il l'invite perfidement à monter sur la tribune improvisée et à prendre la parole.

– Dites-nous, cher monsieur Cody, vous qui êtes maintenant ici depuis un bon bout de temps, ce que vous pensez de la question.

Sans perdre aucunement contenance, le père de Bill caresse sa barbiche, s'éclaircit la voix, puis se lance, d'une voix vibrante, dans une violente tirade contre l'esclavage.

Tout d'abord, on le prend pour un plaisantin, puis pour un provocateur. Une sourde colère gronde maintenant parmi les auditeurs, comme une tempête se levant soudain sur une mer calme :

– Lynchons ce sale abolitionniste !

– Pendons-le haut et court !

– Tuons-le, c'est tout ce qu'il mérite !

Pour la première fois de sa vie confronté à l'hostilité et à la violence aveugle, Bill sait ce qu'est la peur. Il court vers son père et le tire par la manche de sa veste :

– Venez, père, je vous en supplie !

– Si tu ne descends pas de là, c'est moi qui te

descendrai ! hurle un homme au visage convulsé par le fanatisme.

Mais Isaac ne se laisse pas fléchir, ni par la supplique de son fils ni par la haine farouche qui se lit sur toutes les figures. Imperturbable, avec courage et dignité, il continue de parler, défendant des idées diamétralement opposées à celles de l'assemblée.

Soudain, l'on voit briller au soleil la lame d'un grand couteau, puis l'arme disparaît : Dunne l'a enfoncée avec rage dans le dos de l'orateur, qui s'écroule avec un cri étouffé. Pendant que deux hommes tentent de maîtriser le forcené, on transporte le blessé jusqu'au magasin pour lui porter les premiers secours.

Bill est maintenant agenouillé auprès de son père, livide et inconscient. Les derniers instants de Sam lui reviennent cruellement en mémoire. L'inquiétude du jeune garçon est à son paroxysme.

– Et si on le glissait sur la paille de notre voiture, tout doucement pour le ramener à la maison et le soigner là-bas ? suggère-t-il fébrilement.

– Le couteau doit avoir transpercé un poumon, fait quelqu'un dans l'assistance.

– Mieux vaudrait ne pas le transporter si loin et faire venir au plus tôt le médecin du fort.

– J'ai un bon lit chez moi, offre un troisième, on pourra l'y étendre. Qu'importe si Riveley est du côté des esclavagistes ou non, l'essentiel est de sauver une vie d'homme.

Et devant l'air angoissé de Bill, ce dernier lui pose

affectueusement un bras sur l'épaule :

– Ne t'en fais pas, ce ne sera peut-être pas si grave, et bientôt ton père ira mieux ; mais, en attendant que le médecin arrive, va chercher ta mère, veux-tu ?

L'enfant, au bord des larmes, obéit. Le cœur battant à tout rompre, il vole vers sa maison avec, au bout des lèvres, une ardente prière : « Pourvu que père ne meure pas ! »

Isaac Cody se remettra lentement, mais il restera ce que l'on peut appeler un mort en sursis ; depuis l'algarade, il reste faible et vulnérable, et c'est sa femme qui doit faire le travail à sa place. Deux ans plus tard, un refroidissement a raison de son organisme déficient, et il meurt après quelques jours de fièvre. Bill n'a que onze ans.

Ce fut d'ailleurs à partir de ce moment, en raison de ce drame et de beaucoup d'autres, que la région, déchirée par les luttes fratricides, fut dénommée « *Bloody Kansas* », Kansas sanglant.

Chapitre V

LE PLUS JEUNE ENNEMI DES INDIENS DES PLAINES

Du jour au lendemain donc, notre Bill se retrouve chef de famille, une bien lourde charge pour un si jeune enfant ; mais est-on encore un enfant quand, écrasé par la douleur et le poids des responsabilités, l'on semble avoir vieilli de plusieurs années en l'espace d'une nuit ? Et qu'en plus, l'on se rend compte des dépenses journalières auxquelles il faut faire face sans répit.

Après avoir longuement réfléchi, pesé le pour et le contre, il en vient à cette conclusion :

« Il faut absolument que je me mette à travailler ailleurs qu'à la maison, quelque part où je serai rétribué, de manière à pouvoir contribuer aux charges qui pèsent sur le foyer. »

Il se souvient alors de la proposition que lui a faite un jour M. Russell et, sans rien dire à personne, il se met en route pour Leavenworth. Son protecteur est absent, et ce sont messieurs Majors et Waddell qui le reçoivent avec, il est vrai, quelque réticence.

– Je cherche une place quelle qu'elle soit, et je serais très heureux, messieurs, si vous acceptiez de m'engager dans votre entreprise.

Les deux associés examinent de la tête aux pieds ce garçon solidement bâti, au regard intelligent.

– Tu es un peu jeune, me semble-t-il, dit l'un, je ne crois pas que tu puisses faire l'affaire !

– Malgré mon jeune âge, je ne manque pas d'expérience : je sais monter à cheval, chasser, conduire une voiture, en un mot faire le travail d'un homme. Donnez-moi ma chance, vous ne le regretterez pas !

Les deux hommes se regardent et paraissent hésiter :

– J'apprécie sa franchise, à ce garçon, et sa manière directe d'envisager les choses, remarque Waddell.

– En effet, il me semble non dépourvu de cran, renchérit Majors.

Il se tourne vers le jeune garçon qui attend, partagé entre l'angoisse et l'espoir :

– Faisons donc un essai, nous verrons bien ce que

cela donnera. Pour débuter, tu garderas les troupeaux au pâturage et tu recevras un salaire de vingt-cinq dollars par mois.

Bill est un peu déçu, car il avait espéré un travail un peu plus excitant que garder des vaches, toutefois vingt-cinq dollars, quand sa famille a tellement besoin d'argent, représentent une somme non négligeable. Alors, sans hésiter, il accepte.

Lorsque, quatre semaines plus tard, il vient au bureau chercher sa première paie, sa mère l'accompagne : elle compte sur cet argent pour régler une dette urgente.

– Puis-je recevoir mon salaire ? demande l'enfant.

– Bien sûr, tu n'as qu'à signer ce registre, après quoi je te remettrai ton dû, fait l'employé d'un ton bourru.

Bill rougit très fort, il sait que sa mère l'observe et quand il se tourne vers elle, il voit de grosses larmes qui roulent sur son visage émacié :

– Je t'en supplie, mon petit, va à l'école, regarde, tu ne sais même pas signer !

– Avant tout, il nous faut de l'argent, mère ; si je ne travaille pas, de quoi vivrons-nous ?

Elle essaie de le raisonner :

– Le jour où tu seras plus instruit, tu gagneras davantage, car tu pourras accepter d'autres postes que celui de gardien de vaches. Entre-temps, je tâcherai de me débrouiller ; qui sait, peut-être même pourrai-je ouvrir une auberge à Salt Creek Valley : il y a tant de passage là-bas que je ne manquerai sûrement pas de travail…

– Vous n'êtes pas assez forte pour endurer une telle besogne, ma chère maman ; je ne puis vous laisser faire un travail si éprouvant.

Bien que sa mère ne l'ait jamais dit à personne, Bill sent bien qu'elle est malade, à bout de forces, – elle souffre de la tuberculose –, et que toute fatigue doit lui être évitée. Il sort son mouchoir et, avec une tendresse infinie, il lui essuie ses larmes...

C'est alors que M. Russell fait irruption dans le bureau. Il échange de cordiales poignées de main avec ses associés et se tourne ensuite vers Bill et sa mère :

– Qu'arrive-t-il, mes amis, pourquoi ces visages tristes ?

– Mère voudrait que j'aille en classe. Elle est désolée de voir que je ne suis même pas capable de signer ma feuille de paie !

– Et toi, tu penses sans doute qu'il est plus important de travailler pour gagner l'argent dont vous avez tant besoin, non ?

Le garçon baisse gravement la tête :

– C'est bien cela, monsieur.

– Commence par apposer une croix là, en guise de signature ; après, nous réfléchirons à ce qu'il y a lieu de faire.

Un lourd silence s'établit dans la pièce. M. Russell fronce les sourcils, hésite un peu et finit par leur soumettre cette proposition :

– Peut-être pourrais-tu faire les deux à la fois, au fait ? Nous avons justement besoin d'un porteur de dépêches qui ferait la navette entre nos bureaux et les convois de voitures sur la route. Après leur départ, en effet, mille choses peuvent survenir, dont les conducteurs doivent être informés au plus vite.

Alec Majors s'est rapproché, il achève la pensée de Russell :

– Ce qu'il nous faut, en somme, c'est un garçon de courses à cheval. Tu serais payé au même tarif qu'à présent et tu pourrais faire ce travail en dehors des heures de classe, ce qui te permettrait de suivre les cours. Que penses-tu de notre offre ?

– C'est formidable ! répond Bill, la voix vibrante d'enthousiasme.

– Donne-lui un bon cheval, dit Russell à son associé, car ce garçon monte comme un cavalier chevronné, je l'ai vu à l'œuvre !

Et posant la main sur l'épaule de la mère qui écoute depuis un moment, comme clouée sur place, il la rassure :

– Ne vous en faites pas, Mary-Ann Cody, votre fils deviendra un jour quelqu'un, il fera son petit bonhomme de chemin sur notre vieille Terre.

Bill recommence donc à fréquenter l'école et, très en retard sur les enfants de son âge, il doit beaucoup travailler pour rattraper le temps perdu. Mais nous le connaissons déjà : ce ne sont ni le courage ni la bonne volonté qui lui font défaut. Bientôt, il sait écrire son nom. Aux yeux de ses sœurs, il est devenu quelqu'un, et elles ont pour lui un sentiment de respect mêlé d'envie. Lui-même a maintenant l'impression de pouvoir conquérir le monde. Sur toutes les voitures qu'il rencontre, il écrit à la craie : « *Bill Cody, William Frederick Cody* », voulant qu'à cent lieues à la ronde, personne n'ignore qu'il sait écrire. Il a le cœur gonflé de joie en pensant à la satisfaction éprouvée par sa mère qui, cette fois, ne pleure plus de honte, mais de bonheur.

La plupart de ses compagnons de classe s'entendent bien avec lui, sauf un certain Steve Gobol. Quelques mois avant son arrivée en classe, Bill avait eu la malencontreuse idée de tomber amoureux d'une ravissante fillette blonde aux yeux bleus, Mary Hyatt, qu'il a justement retrouvée sur les bancs de l'école. En parfait chevalier servant, il construit pour elle, à longueur de récréation, une maison de branchages.

Mais il ignore qu'il a un rival. Un jour, Steve démolit la cabane et, à la sortie de l'école, excite si bien son vilain et vieux chien jaune que celui-ci saute à la gorge de Turk. Une lutte enragée s'ensuit entre les deux animaux, et Bill, naturellement, ne songe qu'à défendre son ami. Il se souvient alors qu'au Far West, toute dispute entre hommes se règle par les armes. Aussi sort-il d'une de ses bottes le couteau de chasse qu'il a là en permanence. Il le plonge dans la cuisse de son adversaire. Celui-ci étant plus grand et plus âgé que lui, Bill n'avait pas d'autre moyen d'en venir à bout.

Cet incident, cependant, détourne de lui ses anciens amis, et le maître, devant la sentence d'exclusion dont est frappé Bill, conseille à sa mère de le retirer de l'école pour éviter que de nouvelles bagarres n'éclatent.

Notre jeune ami ne se sent pas touché outre mesure par cette sanction ; au cours de l'hiver, il a appris à lire et à écrire, et, depuis quelque temps déjà, il regarde davantage par la fenêtre entrouverte que dans ses livres ou ses cahiers. Au dehors, tout redevient vert, le bétail reprend sa place dans le paysage. Aussi est-il enchanté de pouvoir retrouver en toute liberté la forêt emplie de gibier qui recouvre les Montagnes Rocheuses.

Souvent aussi, il se rend à Leavenworth, dont il revient parfois très tard. Un soir, son regard est attiré par un bosquet, où il croit avoir vu s'agiter une branche de manière assez étrange. Au bout d'un moment, ce sont plusieurs branches qui remuent et qui se rapprochent de lui. Il se rend compte alors qu'il est entouré d'Indiens. L'un d'eux tient à la main son arc bandé et vise le garçon, qui, avec un sang-froid incroyable, épaule son fusil et tire.

Un terrible cri retentit alors dans la nuit noire : tout est allé si vite que Bill n'a même pas eu le temps de réaliser vraiment ce qui lui arrivait. Le coup de feu a fait tant de bruit que des cow-boys sont accourus. Ils trouvent le jeune garçon devant le corps recroquevillé de l'Indien.

– Hourra ! crient les hommes, Bill a vaincu les Indiens, seul contre tous !

De retour à Leavenworth, sa réputation l'a déjà précédé : des journalistes sont accourus de toutes parts pour l'interroger sur cette action d'éclat. Il se sent l'âme d'un héros, ce qui n'est pas pour lui déplaire. Garçons et filles se le montrent du doigt, et ses sœurs jubilent au récit de sa témérité. Seule sa mère frémit à l'idée des dangers qu'il court sans arrêt ; elle le supplie de se montrer dorénavant plus prudent et moins impulsif.

Mais William Cody a douze ans, l'âge de toutes les audaces, et son nom s'étale dans tous les journaux d'Amérique...

Chapitre VI

BILL SE FAIT DES AMIS

La vie de Bill se partage entre rêve et action, et il ne rêve que d'action ! Les épreuves qu'il a subies si jeune et son amour pour l'aventure sont tels qu'ils l'ont rendu, tant physiquement que moralement, bien plus avancé et plus mûr que la plupart des enfants de son âge. Sa décision est prise, en tout cas : une vie bien réglée ne l'intéresse guère. Chaque fois qu'il voit passer une caravane, le désir le prend de se joindre à elle et, pendant des jours entiers, il oppose un front buté et une moue boudeuse aux semonces de sa mère, qui fait tout pour le raisonner.

Conscient de cette insatisfaction permanente, Alec Majors pense à lui confier une tâche moins sédentaire, mieux en accord avec les capacité précoces du jeune garçon. De plus, il promet de faire l'impossible pour vaincre les réticences maternelles. Il s'agit cette fois de convoyer des chariots bâchés sous la direction de Lew Simpson, un homme dont la réputation n'est plus à faire. Bien souvent, celui-ci s'est retrouvé confronté à des Indiens féroces, et toujours, il en est sorti vainqueur.

Au nombre de vingt-cinq, ces chariots, tirés chacun par douze bœufs, transportent trois mille cinq cents kilos de marchandises. Recouverts de grosse toile, ils sont construits de telle sorte qu'ils peuvent traverser les rivières en flottant comme des barques.

Quel bonheur pour Bill de ne plus rester cantonné dans un pré, mais de pouvoir, au contraire, chevaucher des heures durant à travers la plaine. Les roues qui grincent, le craquement du cuir des selles, comme encore la respiration haletante des bêtes sont une douce musique à ses oreilles.

La vie est bien organisée : à tour de rôle, chacun cherche du bois ou fait la cuisine. Le mode de cuisson est primitif, bien sûr, mais cela n'a aucune importance. On pourrait manger une chaussure bouillie tant le grand air creuse les appétits, et l'essentiel est d'avoir quelque chose à se mettre sous la dent ; fèves, pommes séchées, viande de bison succulente composent le menu.

Il y a aussi cette manière de faire le pain qui enchante l'adolescent. Après avoir creusé un puits dans la farine, on y ajoute du sel et de l'eau ; ensuite, quand la masse devient une pâte consistante, on l'enroule autour de grands bâtons, qu'on enfourne aussitôt. Le soir, on se réunit à la veillée auprès d'un feu de bois, ce qui donne aux convoyeurs des différents chariots l'occasion de se connaître et de lier amitié.

Ce n'est pas toujours le cas, cependant. Assis non loin de Bill, un convoyeur à l'air bourru trouve plaisir à chicaner le cadet de la bande :

– Va à la rivière me chercher de l'eau fraîche, aboie-t-il.

– Dès que j'aurai fini de manger, fait l'enfant poliment, mais calmement, en continuant son repas.

Voilà qu'une gifle magistrale s'abat sur sa joue ; il vacille et tombe à terre.

– Quand je demande quelque chose, c'est tout de suite que je la veux ! fait la brute.

En moins de temps qu'il n'en faut pour le dire, Bill s'est relevé. Fou de rage, il saisit sur le feu la casserole de café brûlant et la lance sur l'odieux personnage. Il a bien visé : l'homme hurle de douleur et de colère. Il se met à la poursuite de l'enfant. Bill a l'impression qu'un géant vient de l'empoigner. Il courbe le dos sous le poids qui l'écrase quand, soudain, sans savoir comment ni pourquoi, il se sent libre à nouveau de cette douloureuse étreinte. Il voit devant lui un homme jeune, aux larges épaules, qui maîtrise le rustre.

– Laisse ce gamin tranquille, prononce alors une voix ferme.

– Ce n'est pas ton affaire, grogne le convoyeur, mauvais.

– J'en ferai mon affaire s'il le faut : celui qui molestera encore ce gosse aura de mes nouvelles !

Bill regarde l'homme qui l'a sauvé : grand, le visage encadré de longues boucles lui tombant sur les épaules, il porte un superbe costume de cuir clair, et deux pistolets à crosse d'ivoire sont accrochés à sa ceinture.

Hésitant à le reconnaître, le garçon se risque à demander :

– Seriez-vous, par hasard ?... Non, vous ne pouvez être... Mais si, tout de même, vous êtes bien Wild Bill Hicock ?

– Personne d'autre que lui ! fuse la réponse, accompagnée d'un grand éclat de rire.

Hicock a dix ans de plus que Bill et, tout de suite, il est conquis par les manières franches et gentiment hardies du jeune garçon. Ils deviennent une bonne paire d'amis et, dès lors, notre jeune convoyeur a quelqu'un non loin de lui pour le guider et lui apprendre les ficelles du métier. Partout où il passe, Hicock est aimé autant que respecté, et cette rencontre est la plus fascinante de la jeune existence de Bill.

– N'oublie jamais ceci, lui répète souvent son mentor, jusqu'au jour où la plaine connaîtra la civilisation, tu dois constamment garder le doigt sur la gâchette de ton fusil, non pour attaquer, mais pour te

défendre. Le premier devoir de chacun est de se protéger.

Arrivé à un endroit appelé la Platte, Bill a l'occasion de participer à sa première chasse au bison. Au début, il ne sait trop comment s'y prendre, mais en regardant faire les autres, il acquiert très vite les connaissances nécessaires.

Des bisons fous de terreur peuvent être très dangereux, Bill ne tarde pas à s'en rendre compte. Le lendemain, précisément, un troupeau de ces bovidés broute en bordure de la rivière. Derrière eux, des hommes blancs, vraisemblablement des chercheurs d'or revenant de l'Ouest, éperonnent leurs montures, qui se mettent à galoper et foncent droit vers le troupeau. Prises de panique, les bêtes se lancent, têtes baissées, en direction de la caravane, renversant des chariots, entraînant avec elles les bœufs affolés, dans un fracas de ferraille et de bois brisés. On ne peut imaginer pire désastre, et il faudra plusieurs jours pour réparer les dégâts.

Sur la route de Fort Laramie, Bill fait la connaissance de Jim Bridger, un vieux trappeur grisonnant qui s'est bâti une solide réputation de pisteur, d'explorateur et de combattant. Lorsqu'il raconte ses exploits, son auditoire reste bouche bée, buvant littéralement ses paroles. Un autre héros, Kit Carson, est là, lui aussi : de petite taille, placide ; contrairement aux autres, il parle peu de ses succès. Pourtant, il n'en manque pas : il a conduit des expéditions périlleuses, à la suite desquelles tant les hommes blancs que les rouges admirent son courage exemplaire et son jugement d'une rare qualité. Pour Bill, Kit Carson et Wild Bill Hicock sont des héros extraordinaires, et, si on le lui demandait, il ne pourrait dire lequel des deux il admire le plus.

Fort Laramie se dresse devant les voyageurs, entouré de quatre énormes murs blancs. Au sommet des tours d'angle flotte le drapeau américain. À l'intérieur s'est construit un véritable petit village, avec des maisons et des magasins, une forge aussi où s'arrêtent les visiteurs pour faire réparer les roues de leurs chariots ou ferrer leurs chevaux. Mais ce qui intéresse par-dessus tout notre jeune ami, c'est, à quelques encablures du fort, le village indien qui semble sorti d'un rêve : de grands Sioux en vêtements de peau vont et viennent ; des femmes, au visage peint de vermillon, transportent leurs marchandises à dos de chien, et les petits enfants, en grand nombre, jouent nus entre les tentes.

Les hommes de la compagnie Russel ont maintenant quitté le fort depuis trois jours. Voilà qu'une curieuse mésaventure les surprend : dans un canyon, avant de comprendre ce qui leur arrive, ils sont encerclés par des inconnus...

– Donnez-nous vos fusils, ordonne le chef de la bande, un homme au regard dur.

– Nous allons vous les donner, assurément, grommelle Lew Simpson, mais pas de la façon dont vous l'imaginez.

– Haut les mains, crie encore l'assaillant, si vous

bougez d'un pouce, vous êtes tous morts !

Il ne reste qu'à obtempérer. Exceptionnellement, Lew Simpson s'avoue vaincu. Il essaie cependant de cacher sa rage sous un air affable :

– Vous avez gagné la partie, il n'en est que juste de faire connaissance plus amplement. Puis-je savoir qui vous êtes ?

– Joseph Smith, chef des Danites. Vous avez certainement entendu parler de nous, les Mormons. Nous nous sommes établis sur les bords du Grand Lac Salé pour y trouver la paix et la liberté de nous occuper de nos affaires comme nous l'entendons. Nous avons été chassés d'un endroit à l'autre et maintenant, de nouveau, l'armée des États-Unis voudrait nous exterminer, mais nous résisterons coûte que coûte. Fichez le camp d'ici et retournez chez vous !

– Sans fusils pour nous défendre, ni provisions pour la route ? Allez-vous nous laisser repartir ainsi ? demande Lew.

Le chef des Danites ne veut pas rendre la tâche facile à Simpson et ses hommes, qui ravitaillent l'armée. Mais après un échange d'arguments, il se laisse persuader et remet aux convoyeurs quelques armes et un chariot de vivres pour subsister jusqu'à leur retour à Fort Leavenworth.

Quelques semaines plus tard, Hicock et Bill partent à nouveau pour une fameuse expédition. Ils doivent parcourir le pays afin d'acheter de nouveaux chevaux pour l'armée.

– Les meilleurs que vous pourrez trouver, leur a-t-on recommandé.

Russell, Majors et Waddell placent leur entière confiance en eux. Les trois associés connaissent les grandes qualités des deux compagnons, et, dès qu'une tâche quelque peu délicate ou difficile se présente, c'est à eux, et à eux seuls, qu'ils font appel. N'ont-ils pas dit un jour à Bill :

– Notre réussite repose sur Hicock et toi-même ; ce n'est pas un ordre que nous vous donnons, mais une demande que nous vous adressons !

C'est ainsi que Bill découvre les ficelles du métier de marchand de chevaux, il apprend à reconnaître une belle bête d'un canasson, à discuter du prix ; en un mot, à faire des affaires...

Chapitre VII

L'ÉPOPÉE DU PONY EXPRESS

Bill a grandi comme une herbe folle, il a maintenant quatorze ans et semble heureux de sa vie pleine d'imprévus, telle qu'il l'a toujours rêvée.

Par une belle matinée de printemps, nous le trouvons dans la forêt au-dessus de Cody Hill, non loin de l'auberge que tient à présent sa mère, en train de couper du bois.

À tour de bras, sans ressentir de fatigue, il frappe de sa cognée des centaines de rondins pour les fendre. Il dispose en tas les bûches qui, l'hiver prochain, alimenteront le feu de l'âtre. De temps à autre, il s'arrête pour essuyer les gouttes de sueur qui perlent sur son front. Pourtant, il ne fait pas encore chaud, et un vent frais souffle sur la colline.

– N'abats pas la forêt entière aujourd'hui, fiston, sans quoi demain, tu ne trouveras plus de bois par ici !

Cette voix rieuse est celle de Lew Simpson, qui le regarde avec bienveillance.

– Cela ne me fait pas peur, répond l'enfant en s'esclaffant, le jour où il n'y en aura plus, je me ferai pousser des ailes et m'envolerai vers d'autres cieux. De toute manière, je ne m'amuse plus ici, la vie est devenue trop calme, et j'ai horreur de cela !

Descendant de cheval, l'homme s'assied sur une vieille souche. Bill lui fait face avec, à côté de lui, le tas de bois qu'il vient de couper et qu'il s'apprête à charger dans sa carriole avant de rentrer chez lui. Les deux amis sont ravis de s'être retrouvés, et cette rencontre est comme une récréation pour tous les deux.

– Comme tu me vois là, explique Lew, je suis à la recherche d'un conducteur de mules, capable de m'aider à mener un convoi à mille miles d'ici, jusque Tucson, en Arizona. Ce travail te plairait-il ?

– Je ne sais trop que te répondre... Bien sûr, j'adore l'aventure... Mais ma mère paie très cher un homme pour l'aider à faire la besogne lorsque je ne suis pas là. Il me semblerait normal, à présent, que ce soit moi qui lui donne un sérieux coup de main. N'es-tu pas de mon avis ?

– Honnêtement, je ne pense pas que ce soit un problème ; pour vingt-cinq dollars par mois, on peut trouver quelqu'un de sérieux pour ce genre de travail, alors que moi, je t'en propose cinquante... car tu es le seul en qui j'ai une confiance aveugle !

– Alors, je ferai l'impossible pour convaincre une fois encore ma mère de se passer de moi. Je ne te laisserai pas dans l'embarras.

– De toute façon, ce grand voyage n'est pas pour tout de suite, nous ne partirions que dans quelques mois, ajoute Lew. Mais dans l'immédiat, j'ai tout de même besoin de toi pour convoyer des bestiaux jusque Fort Laramie. C'est l'affaire de quelques jours, une semaine, tout au plus...

Mais Bill n'écoute plus, son regard s'est mis à briller d'une fièvre intérieure ; une question lui brûle les lèvres :

– Dis donc, Lew, aurais-tu entendu parler de ce service postal à dos de cheval ?

– Bien sûr ! C'est le dernier projet en date de ton ami Russell. Maintenant que bon nombre de colons se sont installés à l'Ouest, le long des côtes du Pacifique, ils désirent naturellement pouvoir correspondre avec leurs familles et amis restés à l'Est. Or, l'acheminement du courrier est long et difficile : les lettres expédiées vers le Far West le sont par des moyens peu sûrs. Le seul itinéraire auquel l'on puisse se fier est aussi le plus long : par bateau autour du Cap Horn. Il faut dès lors plusieurs semaines pour qu'une lettre arrive à destination ! Aussi le sénateur Gawin a-t-il conçu l'idée d'un parcours plus rapide et il a chargé Russell d'en étudier le projet. S'il a d'abord hésité, en raison des énormes charges financières auxquelles il devra faire face, Russel s'est finalement décidé à mettre tout en œuvre pour la création de ce service postal à cheval, appelé le Pony Express.

– Comment voit-il les choses ? T'en a-t-il parlé concrètement ?

– Il s'agit de couvrir une distance de trois mille deux cents kilomètres d'est en ouest, de Saint-Joseph, dans le Missouri, à Sacramento, en Californie. Le tout en deux jours et demi, alors que jusqu'à présent, il en fallait vingt et un. Des relais sont prévus à travers plaines et montagnes tous les dix-sept kilomètres, ne laissant aux cavaliers que deux minutes pour remettre le courrier propre à chaque relais et changer de monture.

– Et quand aura lieu le premier départ ?

– On l'ignore encore... Pour l'instant, Russell et ses associés passent au crible toute la région afin de découvrir quatre-vingts cavaliers émérites, connus pour leur endurance, et surtout, dédaigneux du risque. Pour te donner une idée du danger qui guettera les courriers sur le parcours du Pony Express, tu n'as qu'à lire l'annonce parue dans les journaux du coin. Elle mentionne des «*jeunes gens de 16 à 18 ans, de préférence orphelins* ». Tires-en tes conclusions !

Mais Bill n'a peur de rien : ni du blizzard ni de la tempête, ni du gel pinçant ni des chaleurs torrides, et encore moins des mauvaises rencontres qu'il pourrait faire !

Lew Simpson continue :

– Toutefois, le salaire est très élevé : cent à cent

cinquante dollars par mois, suivant les capacités du gars...

Il entend un sifflement admiratif :

– C'est juste ce qu'il me faut, et je vais de ce pas trouver Russell ! Pourquoi conduirais-je des mules quand je peux...

– Hé, doucement, petit ! l'interrompt Lew, ne t'emballe pas ! Au fait, rien ne t'empêche de venir avec moi à Fort Laramie, nous en serons revenus bien avant le départ du Pony Express.

– Eh bien, s'il en est ainsi, c'est d'accord !

Lew Simpson le prévient encore :

– Écoute, Bill, si pour une raison ou une autre, tu n'étais pas accepté pour ce travail, ou si, dès les premiers jours, la tâche te semblait trop ardue, je serais toujours ravi de te prendre avec moi pour le voyage à Tucson.

– Merci, répond Bill avec chaleur, appréciant la gentillesse de Lew, mais espérant bien ne pas devoir y avoir recours.

Quand monsieur Russell apprend l'intérêt de Bill pour le projet en cours, il écrit aussitôt une lettre destinée à Jack Slade, qui est chargé du recrutement dans le district. Il veut appuyer la candidature du jeune garçon auprès de cet homme intelligent, décidé, mais un peu rigide. Russell se doute bien qu'il ne sera pas si facile à convaincre, vu le jeune âge de son protégé. Il remet cette lettre à Bill.

Quelques jours plus tard, de retour de Fort Laramie, Bill croise sur la route un cavalier qui, selon la description qu'on lui en a faite, ne peut être que le capitaine Slade.

Avec un geste déférent, il l'accoste :

– Excusez-moi, mais ne seriez-vous pas le capitaine Slade ?

– C'est bien moi, en effet, mais que me veux-tu ?

Bill sort alors de sa poche la lettre de recommandation de Russell et la lui remet. Au fur et à mesure de sa lecture, Slade fronce les sourcils, puis dit enfin :

– Voyons, mon garçon, tu n'as pas la prétention de croire qu'avec ou sans la lettre de monsieur Russell, j'aie la moindre intention de t'engager pour le Pony Express ?

Son regard sévère se pose sur Bill, qui, cependant, ne baisse pas les yeux. Slade est intimidant, c'est un homme de grande envergure. Si Russell, Majors et Waddell l'ont choisi, c'est pour sa réputation de tireur remarquable, capable de tenir tête aux bandits des grands chemins sillonnant la contrée. Il aime inspirer la crainte, impressionner ses interlocuteurs, mais Bill ne cille pas ! Et cherche à le convaincre par tous les moyens :

– Vous ferez comme bon vous semble, monsieur, mais sachez que j'ai travaillé dès l'âge de dix ans pour monsieur Russell. Quant à Lew Simpson, il peut vous confirmer que j'accomplis le travail d'un homme. Ne voudriez-vous pas, vous aussi, me faire confiance ?

Jack Slade est amusé par l'audace du jeune garçon.

– Soit, j'accepte de te donner ta chance, mais ne viens pas te plaindre si les choses tournent mal pour toi, ou si, un jour, tu te retrouves hérissé de flèches.

– N'ayez aucune crainte, m'sieur Slade, je ne suis pas du genre à me plaindre, lui répond Bill, au comble de la joie.

La route est semée d'embûches pour les *pony-riders* (c'est ainsi que l'on appelle les courriers travaillant pour le Pony Express) : feux de prairie, troupeaux de bisons, hors-la-loi, Indiens, etc... Mais le travail est passionnant et bien payé, et Bill n'en demande pas davantage.

Quelques jours avant de commencer, notre ami, rentrant à Leavenworth, arrête une voiture conduite par deux hommes et tirée par six chevaux — il faut croire qu'à cette époque, le «*stop*» existait déjà aux États-Unis !

– Avez-vous une petite place pour moi ? demande-t-il.

– Monte à l'arrière, mon gars, les passagers se serreront un peu !

Un homme et une femme se trouvent dans la voiture, devisant à voix basse. Ils interpellent le nouveau venu :

– Vous pourriez vous présenter, jeune homme !

– Mille excuses ! William Frederick Cody, pour vous servir.

– Connais pas, grommelle son interlocuteur avec désintérêt.

– Et si je vous disais que, dans le coin, certains m'appellent Buffalo Bill ?

– Pouvez-vous le prouver ?

Bill sort deux pistolets gravés à ses initiales.

– Voilà, monsieur Hastings !

L'homme s'étonne :

– Comment connaissez-vous mon nom ?

– Grâce à mon sixième sens, fait Bill avec un large sourire.

Puis, au bout d'un moment, il ajoute, malicieux :

– Je l'ai lu sur vos bagages, tout simplement !

Hastings et sa sœur militent pour l'indépendance de la Californie et veulent mettre tout en œuvre pour faire échouer le projet du Pony Express. En effet, ce transport de courrier très rapide contribuera à unifier le pays, en mettant en contact étroit l'Est et l'Ouest. Or Hastings ne souhaite qu'une chose : la sécession de la Californie. Au cours de ce bout de chemin ensemble, le garçon dévoile innocemment les projets de Russell, sans se douter le moins du monde qu'il donne une arme à ses compagnons de voyage.

Bien souvent, à partir de ce jour-là, il les rencontre sur sa route. Miss Hastings tentera même un jour d'attirer Bill dans un guet-apens, dont il s'échappera de justesse, grâce à des amis. Mais ceci est une autre histoire, l'une des nombreuses aventures qu'a vécues Buffalo Bill.

Les relais du Pony Express, construits en pierre ou en brique, constituent, dans les régions particulièrement dangereuses, de véritables petites forteresses. Quant au trajet, tout a été pensé pour que le poids à transporter soit réduit au strict nécessaire : la selle est petite et légère, et les étriers réalisés dans des matériaux qui ne pèsent guère. Interdiction aussi d'emporter des armes, tout au plus un pistolet est permis ! On n'accepte que les lettres écrites sur le plus fin papier ; enveloppées de soie huilée, elles sont ainsi préservées de l'humidité. Les cavaliers, eux aussi, sont choisis parmi les plus légers ; et leurs vêtements les protègent des intempéries éventuelles.

Les préparatifs s'achèvent à présent, et Bill compte les jours qui restent jusqu'à son départ. Il a délibérément choisi le parcours le plus long et le plus périlleux, qui est aussi le mieux rémunéré, évidemment.

Son cœur bondit de joie lorsque enfin les journaux locaux annoncent en grandes lettres :

INAUGURATION DU PONY EXPRESS...

Une foule curieuse et bon enfant attend le grand moment avec une impatience fébrile, c'est une grande manifestation de sympathie ! On voit s'afficher des banderoles blanches : *Good luck to the Pony Express* — bonne chance au Pony Express —, tandis que la fanfare accompagne et attise de sa musique enjouée la liesse générale.

Soudain, la voix forte et claire de Jack Slade retentit :

– Cinq... quatre... trois... deux... un...

À la place de « zéro ! », un bruyant coup de revolver est tiré, annonçant que la route du Pony Express est ouverte. Sur sa monture, Bill s'envole alors comme sur un cheval ailé ; il file en droite ligne à travers plaines et collines, forêts et clairières, les franges de sa veste de peau flottant au vent. Et ce ne sont pas les aventures qui manqueront, il sera servi à souhait. Dès le lendemain, déjà...

Au tournant de la route, trois Indiens se dressent devant lui, le front ceint de plumes multicolores. Soucieux d'arriver à bon port sans trop perdre de temps, Bill fait une grande boucle pour les éviter, mais ceux-ci le poursuivent et décochent des flèches dans sa direction.

Bill, qui a un peu d'avance, saute de son cheval lancé à toute allure, roule sur le sol et se cache derrière un rocher.

Quelques instants plus tard, les trois Indiens déboulent. Bill a sorti son pistolet. Posément, il vise... et tire !

Un Indien est tué net, le second est blessé à l'épaule et le troisième s'enfuit sans demander son reste. Le jeune garçon sort de sa cachette et s'approche du blessé :

– Tu remettras mes salutations à Main Jaune, ton chef. De la part de William Cody, dit Buffalo Bill.

Et il le laisse partir...

Arrivé à Three Crossing, notre cavalier croit avoir juste le temps de remettre son sac, comme d'habitude. Des yeux, il cherche déjà celui qui doit le relayer et prendre le précieux courrier pour la prochaine étape.

Seul un cheval bai, destiné à la suite du voyage, attend, attaché à un piquet. Le gardien du relais apparaît à une fenêtre.

– Hé, Sammy, où est le cavalier ? lui lance-t-il, hors d'haleine.

– Absent, comme tu vois ! La nuit dernière, il a fait une mauvaise rencontre et il s'est fait tirer dessus !

– Et, du coup, il n'est pas suffisamment vaillant pour monter en selle ?

– Non, le problème, c'est qu'il est mort !

Qu'importent pour lui la fatigue et les intempéries, Bill enchaîne donc deux longues étapes, sans répit, sans repos. À bride abattue, il reprend sa course impétueuse. Sam a juste eu le temps de lui tendre une gourde d'eau fraîche et un bout de viande de bison séchée, qu'il mâchonne en galopant. Il sent qu'il a besoin de toutes ses forces, de toute son endurance pour pouvoir continuer et, pour la première fois, il se rend compte que le Pony Express est loin d'être une partie de plaisir. Il s'arrête d'abord à Saint-Mary, puis à Rock Creek, où il rencontre le messager de l'Est, qui lui passe son sac ; il traverse le South Pass pour atteindre enfin Salt Lake City, au bord du Grand Lac Salé. Il vient de battre son propre record : il a couvert trois cent cinquante kilomètres en vingt-deux heures sur vingt et un chevaux différents ! C'est la plus longue course qui ait jamais été réalisée par un cavalier du Pony Express.

Et Bill vient tout juste d'avoir quinze ans !

Une autre fois encore, lors d'un de ses parcours, il se trouve nez à nez avec une belle petite troupe d'Indiens.

Ça va chauffer, et ce n'est pas fait pour lui déplaire !

Main Jaune est à la tête de ses hommes, et, comme de bien entendu, il s'ensuit une échauffourée dans les règles. Bill tire avec une précision si remarquable qu'il fait mouche presque à tous les coups. L'un après l'autre, les Indiens mordent la poussière. Mais il en vient toujours d'autres…

Main Jaune, voyant ses troupes décimées, ordonne l'arrêt du combat et s'adresse à Bill en ces termes :

– Ainsi, c'est toi, le fameux Buffalo Bill ! Tu es brave et courageux ! Je te fais une proposition : battons-nous en combat singulier, sans arme, à mains nues. Si tu perds, je fais de toi mon esclave et je t'emmène dans mon village. Si tu gagnes, en revanche, mes hommes te laisserons partir librement. Main Jaune n'a qu'une parole !

– Parole de chacal ! murmure Bill entre ses dents, mais je n'ai pas le choix, malheureusement ! J'accepte le défi ! lance-t-il à voix haute, bombant crânement le torse.

Le duel commence. Bill est plus petit, certes, mais il est aussi plus souple et plus vif que son adversaire. Très vite, Main Jaune est déséquilibré, entraînant le jeune garçon dans sa chute. Ils roulent tous deux dans la poussière, suant de rage, les yeux injectés de sang. Ils finissent par se relever. De nouveau, le chef se jette de toutes ses forces sur Bill, qui, cette fois, parvient à l'éviter et à lui donner un grand coup sur la nuque. Main Jaune est étendu sur le sol, les bras en croix, il a son compte ! Les Indiens, massés autour d'eux, sont consternés ; ils regardent fixement leur chef assommé. Puis ils s'écartent silencieusement pour laisser le passage à notre jeune héros, qui, calmement, monte sur son cheval et s'éloigne au petit trot...

Demain, l'aube se lèvera sur une nouvelle course du Pony Express, sur une nouvelle entreprise hasardeuse. D'un jour à l'autre, une seule pensée obsède les cavaliers : « Tenir » !

Les Indiens ne sont pas les seuls ennemis dont il faut se méfier : Hastings, toujours lui, monte ses hommes contre le Pony Express. Force lui est d'admettre que les débuts de cette entreprise sont plus que prometteurs : c'est même un franc succès. Mais il est fermement décidé à l'anéantir tôt ou tard, par quelque moyen que ce soit, légitime ou non. Sa détermination est féroce. Seul changement, mais il est de taille, miss Hastings s'est désolidarisée de son frère. De tendres sentiments sont nés dans ce cœur qui paraissait de pierre pour ce fier héros qu'est William Cody. Aussi n'est-il plus question pour elle de lutter contre notre ami ; au contraire, elle le prévient et le met en garde contre toutes les intrigues qui se trament contre lui. Elle veut à tout prix lui être utile et se faire ainsi aimer de lui.

Dès lors, Bill redouble de précaution, il ne se permet pas la moindre seconde d'inattention ; dans chacun de ses déplacements, il observe attentivement la route et ses alentours. C'est ainsi qu'une fois, il remarque un buisson qui s'agite étrangement. « Ils guettent mon passage pour me voler le courrier, mais ce n'est pas encore cette fois-ci qu'ils m'attraperont », pense-t-il farouchement. Et, bien avant d'être arrivé à hauteur du buisson suspect, il prend son fusil et tire, tire, tire encore dans sa direction, jusqu'à épuisement de ses munitions. Puis il éperonne son cheval, qui file ventre à terre en direction de Sacramento.

« Si seulement ces gens connaissaient déjà la nouvelle que je leur apporte », songe-t-il, frémissant d'excitation.

Et dans sa hâte de transmettre à l'Ouest le texte du discours inaugural du président Lincoln, Bill bat son propre record : ce document parvient ainsi à destination en sept jours et dix-sept heures. Nous sommes en l'an 1861.

De loin, sur le seuil des premières maisons de Sacramento, des hommes saluent le messager, qui, déjà, sort de sa poche la clef ouvrant l'une des sacoches. Arrivé devant la mairie, il brandit la fameuse dépêche, dont le maire prend aussitôt connaissance : le papier tremble dans sa main…

– Écoutez, mes amis, la fantastique nouvelle qui nous parvient à l'instant : la Californie est le premier État des États-Unis à avoir décidé de lutter contre l'esclavage !

De grandes acclamations montent de la foule en délire et, bientôt, un peu partout, fleurissent les banderoles :

VIVE LE PONY EXPRESS !

Chapitre VIII

PRIS AU PIÈGE... DE L'AMOUR !

Bill est parfaitement conscient des troubles qui règnent dans l'Est et le Sud. Ce terrible conflit concernant l'esclavage le touche particulièrement, car jamais il n'a pu oublier les circonstances dramatiques de la mort de son père. Si celui-ci a disparu prématurément, en effet, c'est parce qu'il a voulu défendre la cause des opprimés.

Chaque jour, des cavaliers venant du Sud rapportent les dernières nouvelles : de multiples tensions se font jour, et tout le monde sait à présent qu'une guerre est prête à éclater ! Puis, un jour, la rumeur se confirme :

« La guerre est déclarée ! »

Face à cette situation, Russell, Majors et Waddell ne savent trop quelle décision prendre. Doivent-ils ou non arrêter les activités du Pony Express ? Les lourdes dépenses qu'engendrent son exploitation dépassent de loin les ressources des trois hommes, ce qui les inciterait plutôt à mettre fin à l'entreprise. Pourtant, à présent, ils se trouvent devant un cas de conscience, car, plus que jamais, dans les circonstances actuelles, un tel mode de transport s'avère vital pour un échange rapide entre les États et la lointaine Californie. Et donc, malgré le gouffre financier que cette aventure représente, ils décident de poursuivre leur tâche jusqu'à l'extrême limite ; ce sera, en quelque sorte, leur contribution à l'effort de guerre !

Celle-ci amène vers l'Ouest quantité de gens avides de prendre une part active aux événements : cavaliers du Pony Express, chasseurs de bisons, Indiens, chercheurs d'or ou hors-la-loi, tous sont attirés par le feu du conflit. Bill, lui aussi, ne tient pas en place et, dès le premier jour, il se joint à eux. Pourtant son esprit est parfois ailleurs, car il vient d'apprendre que sa mère, gravement malade, le supplie de venir à son chevet.

Lorsqu'il la voit, il se rend compte que ses sombres pressentiments sont justifiés. Sa mère a perdu toute vitalité, tout désir de vivre, elle n'est plus que l'ombre d'elle-même ! Profitant d'un jour où elle se sent un peu mieux, Bill monte à Fort Leavenworth ; il règne là une grande excitation, un brouhaha joyeux, un va-et-vient continu, tout le monde se prépare à la guerre. Et devant une telle effervescence, Bill se sent pris par le même enthousiasme et oublie tout le reste. C'est ainsi qu'à son retour, il annonce à sa mère :

– J'ai fait comme mes amis, je me suis engagé !

Le jeune homme n'a pas pensé un instant qu'il était encore mineur et qu'il lui fallait obtenir le consentement de sa mère avant de prendre une si grave décision. Non, depuis si longtemps qu'il mène une vie d'homme responsable, il se sent adulte parmi les adultes ! Mais sa mère ne l'entend pas de cette oreille et, malgré sa grande faiblesse, s'oppose à lui dans une violente altercation. Elle interdit à Bill de s'inscrire sur la liste des volontaires, faisant appel, en désespoir de cause, à son amour filial : s'il agit contre sa volonté, il hâtera l'heure de sa mort !

En entendant ces mots, Bill comprend que, pour la paix de sa conscience, il doit se soumettre et se résigner. Regardant alors sa mère droit dans les yeux, il lui promet d'attendre l'âge de dix-huit ans pour s'enrôler.

Mais ce serment le déchire, et, pendant de longues nuits, il ne trouve pas le sommeil. L'attente le ronge, tandis qu'il pense à son père mort trop tôt. Sa place n'est-elle pas aux côtés des hommes qui combattent les criminels qui l'ont prématurément privé de la présence paternelle ? Mais, avec lucidité, il décide de cesser de retourner le couteau dans la plaie, et de ne pas inquiéter davantage sa mère, qui est souffrante. Déjà, elle tremble en entendant raconter les ravages de ces bandes sauvages qui traversent chaque nuit le fleuve pour venir incendier les granges, pillant tout sur leur passage, faisant sauter des ponts : de vrais barbares qui font régner la terreur parmi les habitants de la contrée.

Au cours des deux années suivantes, Bill est loin de rester inactif, il met tout son courage au service des armées du Nord. Toujours à cheval, il transmet les dépêches militaires de Fort Leavenworth à Fort Larned. L'hiver, il parcourt la campagne à la recherche de chevaux pour le gouvernement. Il travaille également comme éclaireur au cours d'expéditions contre les Indiens Kiowas et Comanches sous le comman-dement du colonel Clark. À Leavenworth, Bill aide Jim Lane et ses hommes à lutter contre les fripouilles qui terrorisent le Kansas. C'est le genre de combat qu'il aime : il faut que justice soit faite ! Il écrira d'ailleurs plus tard : «*Les jours de Leavenworth furent pour moi des jours fastes.*»

Lorsque sa mission au service de la justice est terminée, Bill devient conducteur d'un petit train de marchandises, qui circule entre Leavenworth et Denver. Mais voilà qu'un matin, il reçoit une lettre le rappelant au chevet de sa mère mourante. Bill se hâte, car cette fois, il sait que la fin est proche. Pendant toute son agonie, il restera près de sa mère, et le 22 novembre 1863, Mary-Ann Cody s'endort définitivement dans les bras de son fils. Le chagrin de Bill est immense, il ne pense qu'à fuir, car il ne supporte plus de rester dans cette maison, où tout lui rappelle cruellement la mort de sa mère. Tendre et dévouée, elle ne vivait que pour les autres ; vaillante, elle gardait le sourire même dans les moments les plus difficiles.

C'est donc à Leavenworth que se rend le jeune homme, espérant que l'agitation qui y règne l'aide à oublier un peu sa douleur. Justement, le 7e régiment du Kansas s'est installé au fort : Bill est ravi et s'empresse de souhaiter la bienvenue à ces hommes, qui, pour la plupart, sont d'anciens camarades de la plaine. Ceux-ci insistent pour que Bill se joigne à eux, maintenant que sa mère n'est plus. Pourtant Bill repense à sa promesse, qu'il ne veut trahir, c'est pourquoi, il attend l'année suivante, celle de ses dix-huit ans, pour s'enrôler enfin. Et lorsque la compagnie H est envoyée au Tennessee et au Missouri, c'est en qualité d'éclaireur qu'il prend part aux opérations militaires lancées contre les Fédérés. Cette tâche lui va comme un gant, car il découvre des contrées inconnues et inexplorées. C'est là que le danger d'une attaque est le plus grand, mais Bill aime le risque et les situations périlleuses, nous le savons, et il n'a que faire d'un travail de tout repos. Tout cela est très excitant pour lui.

Cette année a filé comme un éclair, et Bill a dix-neuf ans à présent. Or voilà qu'un jour, il rencontre son ami William Mac Donald, qui le prend à part pour l'entretenir d'un sujet délicat.

– Écoute, j'ai récemment rendu visite à une de mes cousines, et elle m'a glissé à l'oreille qu'elle aimerait beaucoup faire ta connaissance. Je lui ai tellement parlé de toi et de tes exploits qu'elle a hâte de rencontrer le héros de toutes ces aventures.

– Et pourquoi pas ? fait Bill avec un large sourire. Dis-moi, est-elle jolie, au moins ?

– C'est la plus belle fille de Saint-Louis : des cheveux d'ébène, un regard de velours et, avec cela, un teint de rose. Elle a été élevée au couvent, elle est exquise, quoique fort réservée.

– Eh bien, tant mieux ! Présente-la moi à l'occasion.

La rencontre se fait chez des amis communs, et il ne faut pas longtemps à Bill pour s'éprendre de Louisa. Il faut dire que c'est la première fois qu'il voit d'un peu plus près une jeune fille autre que ses sœurs. Enchantée par le caractère du jeune homme, qu'elle trouve charmant, Louisa l'est moins, cependant, par la vie aventureuse qu'il mène. Elle espère en son for intérieur qu'il acceptera de s'installer et de travailler en ville, qu'elle-même n'a jamais quittée.

L'amour les a donc pris dans son lasso, et c'est en 1866, une semaine après avoir fêté son vingtième anniversaire, que Bill épouse la fille du policier Frederici. Dès le lendemain, ils partent en voyage de noces sur un vapeur le long du Missouri aux eaux brunes. C'est un voyage calme et paisible, dont les soirées se terminent par les chants plaintifs de quelques Noirs s'accompagnant au banjo ou sur un vieux piano désaccordé. Ils font escale dans de petits villages en bordure du fleuve. Mais déjà Louisa sent monter en elle la nostalgie de la vie confortable et insouciante qu'elle laisse derrière elle. Dans un instant de découragement, elle s'accroche au cou de son jeune mari, auquel, avec un pâle sourire, elle confie son tourment :

– Oh, Bill, comme je me sens triste et accablée, soudain. Tu m'emmènes vers une horrible contrée, où la vie est trop dure : les hommes s'y conduisent comme des bêtes !

Bill est chagriné par ce qu'il entend, écartelé entre son bonheur naissant et ses rêves de toujours. Après un long moment à l'étreindre dans ses bras, il lui souffle tendrement :

– Je suis désolé d'être la cause pour toi de tant d'inquiétudes. Tu connais ma passion pour l'aventure, mais si vraiment tu ne peux vivre ma vie, c'est moi qui vivrai la tienne ! Tout s'arrangera, tu verras.

Louisa s'est ressaisie ; de nouveau, son adorable sourire creuse des fossettes dans ses joues roses :

– Oh non, je n'accepterai pas ce sacrifice. Je serai courageuse, mais, en ce moment, je suis un peu effrayée. Dorénavant, je ferai l'impossible pour aimer la vie que tu mènes. Il ne sera pas dit que la femme de Buffalo Bill est une peureuse !

Et elle lui tend son front afin qu'il y pose ce baiser qui lui insufflera confiance en l'avenir. Comment ne pas être rassurée dans les bras d'un tel homme ?

Chapitre IX

LE PRESTIGIEUX CHASSEUR DE BISONS

Après dix-huit mois d'activité intense, les cavaliers du Pony Express ne circulent plus à travers la plaine : des lignes télégraphiques ont été installées, précédant de peu la construction de lignes de chemin de fer. Tout cela facilite encore les liaisons entre l'Est et l'Ouest des États-Unis.

Une fois de plus, l'armée a besoin de renfort pour tenir en échec les Indiens, cette fois, et Bill Cody va se montrer, comme toujours, l'un de ses plus vaillants serviteurs.

Affolés par la venue en grand nombre d'émigrés, les

Indiens considèrent, à juste titre, il faut l'avouer, que les Blancs leur volent leur terre ancestrale. Ils cherchent donc, par des moyens de plus en plus violents, à empêcher l'expansion des colons et à défendre les contrées dont, jusqu'à présent, ils étaient les seuls maîtres. Cette invasion de Blancs signifie, en effet, pour eux la fin des bisons, exterminés pour répondre aux besoins en viande des travailleurs du chemin de fer. Ils se voient ainsi privés de nourriture, de cuir (qui leur sert à confectionner leurs vêtements), de cornes et d'os (dont ils fabriquent leurs armes). Certains veulent adopter une solution pacifique, d'autres, au contraire, choisissent la voie de la violence : imputant aux hommes blancs, à tort ou à raison, certaines agressions contre leurs villages, agressions ayant entraîné la mort d'hommes, de femmes et d'enfants, ils rompent les traités et déterrent la hache de guerre.

Sioux et Cheyennes sont les plus virulents, ils sont véritablement déchaînés : ils incendient les fermes, attaquent les diligences ou encore tuent les hommes qui travaillent sur la voie ferrée. Et des Blancs, dans ces contrées nouvelles, il y en a des milliers : cheminots, prospecteurs, géomètres, trappeurs, fermiers, autant de victimes toutes trouvées pour assouvir la vengeance des Peaux-Rouges.

Comme le salaire de l'armée ne suffit plus à Bill pour entretenir les siens (il est devenu père de famille entre-temps !), il se fait alors embaucher par la Kansas

Pacific Railroad, qui, dans les années 1867-1868, occupe environ douze cents hommes à construire des routes ou poser des rails. Mais, avec son tempérament fougueux, il ne prend aucun plaisir à ce travail et il lorgne sans cesse, avec regret, ces prairies qui l'entourent, où paissent les troupeaux de bisons. Un jour viendra peut-être où il pourra à nouveau faire ce qu'il aime...

Et voilà que la chance tourne. Convoqué par les frères Goddard, dont la firme est chargée de ravitailler en nourriture les ouvriers de la Kansas Pacific Railroad, il se rend à Hays City, chevauchant Brigham, son fidèle destrier.

– Nous avons entendu parler de vos prouesses, lui disent les frères Goddard, votre expérience et vos succès passés nous donnent toute garantie à votre sujet. Nous recherchons un excellent chasseur, un homme capable de nous fournir douze bisons par jour. Êtes-vous notre homme ?

Bill hésite. Chasser le bison est pour lui plus un plaisir qu'une contrainte, mais cela l'oblige à s'éloigner de cinq ou six kilomètres de la voie. Or, depuis la naissance de sa fille Arta, il est devenu plus prudent ; ou, en tout cas, moins téméraire...

– Nous vous paierons cinq cents dollars par mois, précise finement l'un des frères.

Cinq cents dollars ! Une véritable fortune ! Quel que soit le danger, pour une telle somme d'argent, il ne peut se permettre de refuser.

– Messieurs Goddard, vous pouvez me compter parmi vos chasseurs, je suis à votre disposition, fait-il alors avec détermination.

– Vous serez logé, nourri, armé, poursuit l'autre frère, mais ne vous faites pas d'illusions, ce travail n'a rien d'une sinécure, et vos « excursions » seront souvent mouvementées, à cause des bandes d'Indiens qui rôdent.

– J'en suis bien conscient, messieurs, mais ce n'est pas pour me faire peur !

– Une chose encore, si un chasseur est attaqué ou se sent en danger, il doit émettre des signaux de fumée. Immédiatement, les soldats qui protègent les hommes chargés de la construction de la voie ferrée se porteront à son secours. Compris ?

– Compris ! Quand dois-je commencer ?

– Dès demain, si vous le désirez !

Bill rejoint son cheval et, lui tapotant affectueusement l'échine, lui confie :

– Mon vieux Brigham, voilà un fameux travail pour nous, de ceux que nous aimons ! Je te promets bien du plaisir, mais pas toujours du repos, crois-moi !

Le jour n'est pas encore levé, le lendemain, que Bill se met en route, les yeux brillants et le cœur en fête. Il siffle un air joyeux. Il a devant lui une rude journée, mais heureusement, il n'est pas seul : Scotty, un boucher, l'accompagne pour dépecer la viande au fur et à mesure que Bill abat les bêtes. Il est installé dans une voiture qui suit pas à pas le chasseur. Que de temps gagné de cette manière !

Bill caresse son cher fusil, un Springfield, calibre 50, à chargement par la culasse. Il l'a baptisé Lucrèce Borgia et s'adresse à lui comme à un ami. Ils sont tous deux prêts pour les premiers coups de feu. À l'horizon se profilent des bisons bien gras, qui viennent justement dans leur direction. Bill épaule et tire, atteignant l'un d'entre eux juste entre les deux épaules. L'animal, qui broutait, a relevé la tête, semblant étonné, et, un instant plus tard, il s'écroule lourdement sur le sol poussiéreux. Les autres bisons n'ont pas bronché, ce sont des animaux peu farouches. Bill a donc la tâche facile : en quelques minutes, il a tué ses douze bisons de la journée ! Dodelinant de la tête, les autres s'en vont tranquillement brouter l'herbe un peu plus loin. Demain viendra leur tour...

Au fil des jours, Bill met au point sa technique de chasse, qui lui est propre. Alors que les autres chasseurs cernent le troupeau et, profitant de l'affolement des bêtes, tirent dans le tas – d'où il s'ensuit souvent une mêlée générale, au cours de laquelle des chevaux sont éventrés et des cavaliers piétinés –, lui chevauche parallèlement au troupeau, et alors seulement, tire à bout portant, atteignant les bisons droit au cœur.

La voiture de Scotty est rapidement pleine, et le boucher de s'étonner :

– J'en ai déjà vu, des choses, depuis que je traîne ma vieille carcasse de par les pistes, et plus rien ne devrait m'étonner, mais je n'ai jamais vu façon plus rapide et plus ingénieuse de travailler !

Souvent, donc, grâce à son habileté, Bill tue plus que ses douze bisons, soit qu'un autre chasseur soit malade, soit qu'il y ait plus de bouches à nourrir. Augmenter son tableau de chasse est pour lui un jeu d'enfant. Avant sa venue, il n'était pas rare que les ouvriers quittent la table encore affamés, mais à présent... ils chantent ses louanges et le considèrent comme leur bienfaiteur. Son surnom de Buffalo Bill, Bill le Bison, n'est vraiment pas usurpé ! C'est ainsi qu'en moins d'un an et demi, il tue quatre mille deux cent quatre-vingts bisons, dont une fois cent trente-deux dans la même journée, au grand dam des Indiens.

Ceux-ci deviennent de plus en plus dangereux. Un soir où les deux amis se dirigent vers leur campement avec une voiture remplie de viande, ils voient venir vers eux une horde de Sioux. Même quand il parle avec Scotty, Bill ne relâche pas son attention : il est le premier à les apercevoir.

– Arrête, Scotty, vite ! Des Peaux-Rouges !

Le chariot stoppe net, et Bill, à toute vitesse, attache son cheval à l'une des roues du véhicule. Scotty, de son côté, fait de même avec les mules. En toute hâte, ils sortent les lourdes pièces de viande et les cachent sous les essieux, puis Bill grimpe sur le plateau de la voiture. Les cavaliers s'approchent, mais il ne perd pas son sang-froid : il vise calmement et tire, faisant mouche à chaque coup de feu ! Le chef de la bande, lui-même, est blessé. Au galop, les Sioux tournent autour de Bill et de son compagnon, abrités sous le chariot. Les deux amis

ont des munitions à profusion et ne craignent rien. Deux mules sont tuées et les quartiers de viande sont percés de flèches, mais les deux hommes sont sains et saufs. Ils ont déjà abattu cinq Sioux. Ceux-ci finissent par se replier, ivres de colère, pour préparer le prochain assaut.

Mais Bill décide de ne pas prolonger ce combat disproportionné. Avec précaution, il s'extirpe de sous la voiture et sort de sa poche une boîte d'allumettes. Ainsi que les frères Goddard le lui avaient recommandé, il met le feu aux herbes sèches. En un instant, les flammes prennent de l'ampleur, la fumée monte, épaisse et grise, dans le ciel. Un quart d'heure plus tard à peine, une troupe de cavaliers est en vue. En les apercevant, les Indiens prennent leurs jambes à leur cou et s'enfuient, poursuivis par les soldats.

Pendant ce temps, Bill et Scotty enlèvent les harnais des animaux morts et s'empressent de remettre dans le chariot toute la viande de bison qu'ils avaient mise à l'abri.

Il est très tard lorsque les deux hommes arrivent à Hays City, et tout le monde déjà connaît les événements de la journée. Les travailleurs de la Kansas Pacific Railroad sont là, sur la place principale, au grand complet. Tous agitent leur chapeau quand Bill et son compagnon débouchent enfin au tournant de la route. Un homme se met alors à chanter :

«Buffalo Bill, Buffalo Bill,
D'un grand courage, toujours habile,
Tu vises et tues d'un geste viril !
Chantons la gloire de Buffalo Bill.»

Ce quatrain, que tous reprennent maintenant en chœur, deviendra une sorte d'hymne en hommage à Bill Cody. Quelques années plus tard, il n'est pas un enfant des États-Unis qui ne le connaisse par cœur.

Pour l'instant, le fameux chasseur de bisons est porté en triomphe par ses admirateurs. Et il est bien plus impressionné par cette foule en liesse que par un troupeau de bisons qui charge ! Sacré Buffalo Bill !

Chapitre X

EN GUERRE CONTRE RED CLOUD

Bill a maintenant vingt et un ans et, par la force des choses, il est souvent éloigné de son foyer. Louisa, elle, rêve d'une existence calme et tranquille, et d'une maison où son mari, comme tous les autres maris, rentrerait le soir après son travail, un travail sûr, régulier et sans danger. Mais Bill continue à être attiré par la vie libre et trépidante de la prairie. Aussi y a-t-il parfois de légers conflits entre eux à ce sujet. Le ciel de leur bonheur connaît quelques nuages.

À la veille d'un de ses départs prolongés, Louisa l'emmène pour une petite promenade. Là, sous un arbre, elle prend son visage entre les mains et dit :

– Tu es l'homme le plus charmant, le plus valeureux que je connaisse. Parmi tous les hommes que j'ai rencontrés, pas un n'arrive à ta cheville. Je t'aime et je suis fière de porter ton nom.

Il sourit et répond galamment :

– Et moi, je suis fier et heureux d'avoir une femme telle que toi !

Mais Louisa n'a pas fini. Serrant son petit mouchoir dans la main, une larme tremblant le long de sa joue, elle continue :

– Bill, à présent que tu es marié, que tu as une petite fille qui fait des progrès tous les jours, ne crois-tu pas le moment venu d'abandonner cette vie pleine de dangers et de rester avec nous ? Tu ne peux pas savoir à quel point je suis inquiète et malheureuse quand tu es loin...

Le jeune mari se rebiffe :

– C'est impossible, Louisa ! Il se passe actuellement dans l'Ouest des événements absolument extraordinaires auxquels je tiens à prendre part. M'imagines-tu assis passivement dans un bureau alors que s'écrit l'Histoire ?

– Mais alors, laisse-nous au moins t'accompagner ! La vie est terne ici sans toi, et de même qu'une jeune plante a besoin d'eau et de soleil, Arta a besoin de sa maman, mais aussi de son papa.

Bien sûr, Bill sait que Louisa a raison, que son devoir serait d'être auprès d'elles, mais la passion des grands espaces est plus forte et l'emporte.

– Patiente encore un peu, ma chérie, je commence déjà à gagner davantage ma vie. Bientôt, il me sera possible de vous installer un nid douillet et confortable, et alors nous ne nous quitterons plus, c'est promis...

Une fois de plus, donc, il part, laissant à Louisa toutes ses économies. Il se dirige vers Fort Ellsworth. S'il a de la chance, il y rencontrera Wild Bill Hicock et, ma foi, ils auront pas mal de choses à se dire ! Et cette fois, la chance est au rendez-vous. Les deux héros légendaires de l'Ouest sont à nouveau réunis, jouissant de l'amitié qui les lie si profondément. Hicock est chef éclaireur du gouvernement, et son quartier général se trouve au vieux Fort Ellsworth.

Il propose à Bill de rejoindre son équipe, car, en ce moment, les Indiens sont fort agités, et il a bien besoin d'un homme de la trempe de Bill pour étoffer sa troupe.

Notre ami accepte évidemment. Il eût fait n'importe quoi, certes, pour gagner sa vie et subvenir aux besoins de sa petite famille ; mais courir les pistes, prospecter la contrée, tout cela signifie pour lui joindre l'utile à l'agréable ! Se mettre en route tôt le matin, quand le voile de la nuit se déchire peu à peu à l'horizon, chevaucher à travers la prairie, voilà qui est source pour lui d'un bonheur et d'une béatitude sans nom.

Les premiers mois, il exerce son activité entre Fort Ellsworth et Fort Fletcher. Le ressentiment des Indiens face à l'emprise et au pouvoir grandissants des Blancs s'intensifie, et il faut à Bill une vigilance de tous les instants s'il veut éviter de fâcheux incidents.

– Envoyez-nous davantage de soldats, supplient les colons, il nous faut des éclaireurs connaissant à fond la région.

Les Indiens sont de plus en plus violents : on ne compte plus les attaques de relais, les fermes pillées, les familles décimées, les enfants enlevés. Un chef Sioux, Red Cloud — ce qui signifie Nuage Rouge — est particulièrement féroce. Il se comporte en véritable fauve. À la tête de quelques centaines d'hommes haineux et prêts à tout, il sème la terreur et la désolation dans la région. Sa bande est insaisissable : après chaque méfait, elle disparaît dans les montagnes, dont elle connaît le moindre défilé, la moindre grotte.

C'en est trop pour le gouvernement. Il ne peut laisser planer une telle menace sur les colons. Il lui faut absolument employer les grands moyens pour empêcher Red Cloud de sévir.

Buffalo Bill a entendu dire, par des amis indiens, que Red Cloud préparait une embuscade dans une passe rocheuse. Aussi le commandement militaire décide-t-il d'y envoyer un convoi qui aura l'apparence d'une innocente caravane de colons, mais dont chaque voiture, chaque chariot sera en fait conduit par des soldats armés jusqu'aux dents !

Un beau matin, après de minutieux préparatifs, la caravane s'ébranle. La colonne avance tranquillement dans la plaine, au rythme des bœufs et des mules, protégée par un escadron de cavalerie. La longue file des chariots brinquebale sous un soleil de plomb. Qui pourrait se douter que les fusils ont tous une balle engagée dans le canon, que les chariots sont chargés de marchandise bien étrange, et que tous, officiers, soldats et conducteurs, gardent les yeux fixés sur la crête déchiquetée des collines ? Bill rejoint le général Sawyer, chef de l'expédition, en tête de la colonne. Celui-ci est entouré par ses officiers et ses aides de camp.

– Heureux de vous voir, Cody ! s'écrie le général.

– Le plaisir est pour moi, croyez-le bien ! réplique l'éclaireur.

– Des nouvelles des Sioux ? N'ont-ils pas changé leurs plans ?

– Non, nous ne sommes plus qu'à quelques encablures de leur piège.

– Nous sommes parés. Dès que nous les voyons… à nous de jouer ! Les hommes savent tous ce qu'ils doivent faire.

Bill acquiesce et tourne, lui aussi, son regard vers les collines, distantes à peine de deux kilomètres. Les cavaliers avancent au rythme allègre de *Sweet Betsy from Pike*, une chansonnette à la mode narrant les aventures de la douce Betsy et de son amoureux, des émigrants irlandais aux prises avec les Peaux-Rouges. Cent voix reprennent le refrain : « *Sing too ral-i-oo ral-i-oo ral-i-ay !* », une ritournelle imitant les cris des conducteurs de chariots.

Mais soudain un cri, un cri terrible, se mêle au chœur : « *Hadree hadree, succomee, succomee...* »

Et, comme un fleuve en crue, les Indiens jaillissent du sommet de la colline et se précipitent dans la vallée en excitant leurs mustangs et en agitant leurs armes.

– Ils ne se dirigent pas vers nous, constate Buffalo Bill. Ils cherchent plutôt à nous couper la route !

– Oui, vous avez vu juste, reconnaît Sawyer. Nous lançons l'attaque ?

– Non, pas encore, attendons qu'ils aient bien pris position afin qu'ils ne soupçonnent pas notre force.

Dès l'apparition des Sioux, les soldats se sont arrêtés, attendant les ordres. Bien sûr, ils prévoyaient cette attaque, mais en voyant les Indiens à quelques centaines de mètres, leur cœur bat à tout rompre. Les guerriers de Red Cloud se sont arrêtés, eux aussi. Ils se trouvent à l'endroit le plus étroit de la vallée, formant un mur d'hommes et de chevaux. Au signal de leur chef, ils se mettent en mouvement...

– Allons-y ! crie Buffalo Bill.

– Trompettes, sonnez ! ordonne le général.

Des notes aiguës déchirent le silence. Au lieu de mettre un genou à terre, les fusiliers ouvrent leurs rangs au pas de course pour laisser passer les chariots, dont les conducteurs excitent les chevaux de la voix et du fouet.

« *Ral-i-oo ! Ral-i-oo !...* »

Au moment où les chariots atteignent le premier rang d'Indiens, les fusiliers cachés sous les bâches surgissent comme des diables hors de leur boîte. Le chaos est indescriptible, la surprise est totale pour les Indiens. D'agresseurs, ils sont devenus agressés !

Sawyer et Bill se portent en tête des troupes.

La trompette retentit, frénétique.

Ce sont les chariots qui mènent la charge, transformés en machines de guerre par les fusils qui pointent de toutes parts. Les bâches blanches des chariots sont toutes tombées à présent, découvrant les gueules menaçantes des canons braqués. Le piège tendu par les Sioux s'est retourné contre eux !

– 5e Minnesota... Char... gez ! crie soudain Sawyer, pointant son sabre vers les Indiens.

Pris à l'improviste, déroutés, incapables de comprendre ce qui se passe, les Sioux se débandent. Plusieurs d'entre eux prennent la fuite. Mais un guerrier continue de galoper, intrépide, à la rencontre de ses adversaires. Il a la poitrine nue, couverte seulement d'un pectoral en piquants de porc-épic, et une seule plume droite dans ses cheveux. Il porte une grosse lance de bois ornée de plumes et de scalps, le sceptre des Oglalas, sa tribu d'origine... C'est Red Cloud !

«*Hadree hadree !*» hurle-t-il d'une voix furieuse en se lançant seul contre les bâtons à feu.

Son incroyable audace rallie les Sioux, ranimant leur courage.

«*Succomee succomee !*» répondent-ils en un cri chargé de haine et de férocité.

Ils reviennent à l'attaque. Le martèlement des sabots des chevaux se mêle aux grincements des roues des chariots. Les deux vagues humaines se précipitent l'une vers l'autre.

– Artillerie, feu ! ordonne Sawyer.

Les quatre canons vomissent alors leur mitraille. Un déluge d'éclats, de clous et de balles s'abat sur les Sioux, ouvrant de larges brèches dans leurs rangs. Mais d'autres Indiens prennent aussitôt la place de ceux qui tombent.

« *Hadree hadree, succomee succomee...* »

Le général Sawyer lève puis abaisse son sabre. C'est le signal du feu à volonté. Les fusils tonnent des chariots lancés à pleine vitesse. Tout ce bruit secoue la vallée comme un tremblement de terre. Beaucoup de projectiles font mouche, mais cela n'arrête pas l'élan des Peaux-Rouges. La rencontre finale se produit quelques instants plus tard, terrible, sanglante, atroce. La prairie devient un grouillement de corps qui luttent, d'armes qui s'entrechoquent.

– Courage, les gars, exhorte Sawyer. Ouvrons-nous un chemin !

Faisant tournoyer leurs sabres, le général et ses officiers chargent sans relâche, se frayant un passage à travers ce mur d'hommes. Derrière eux, sous une pluie de flèches, les fusiliers élargissent la brèche à coups de carabine.

Les premiers chariots ont franchi le rétrécissement et sont déjà loin à présent, mais des groupes hurlants et sauvages les poursuivent. D'autres chariots tentent encore de forcer le passage, au milieu des hordes de Peaux-Rouges qui attaquent de tous les côtés. Plus en arrière, des chariots se sont brisés dans la course et, derrière ces carcasses de bois, des combattants se sont retranchés. Un chariot qui transporte un gros canon est renversé par le recul de l'arme. Des cris fusent de toutes parts, les artilleurs roulent à terre. Profitant de leur désarroi, une vague de Sioux se jettent sur eux. Dans un dernier sursaut, les artilleurs arrivent à remettre le canon en batterie, mais la mitraille passe au-dessus de la tête des Indiens. La bataille fait rage, beaucoup de soldats tombent sous les sabots des chevaux ennemis, transpercés par les lances, déchiquetés par les tomahawks que les Indiens brandissent en poussant des cris de victoire.

Buffalo Bill a pris le commandement d'un peloton. Il court en tous sens, venant en aide à ceux qui sont en danger. Puis, il lance Brigham, son fidèle cheval, droit sur les ennemis, et les décime grâce à sa chère Lucrèce Borgia, qu'il tient à bout de bras. Il crée ainsi la panique au sein des Indiens, qui comptent à présent d'innombrables victimes. En voyant Buffalo Bill foncer sur eux, les Sioux s'enfuient en criant :

– *Pa-Has-Ka ! Pa-Has-Ka !...*

C'est le nom qu'ils ont donné à Bill : « le chef à tête d'or », en raison de sa longue chevelure blonde.

Mais notre héros aurait dû se multiplier par dix pour sauver tous les soldats. Les Sioux ont fait bon nombre de victimes parmi les soldats qui étaient sur les chariots brisés. Brandissant les scalps sanglants, ceux-ci s'éloignent en poussant leur cri de triomphe.

Plus loin, un véhicule qui transporte une vingtaine

d'hommes roule à toute allure vers l'endroit le plus dangereux, le passage étroit entre la colline et la rivière. « *Ral-i-oo* » crie le conducteur en cherchant le passage.

Devant lui, il aperçoit alors un groupe d'Indiens occupés à attaquer d'autres soldats.

« Faut-il passer, oui ou non ? » se demande-t-il.

Mais les quatre paires de mules ont décidé à sa place : lancées dans leur course folle, il est à présent impossible de les arrêter, si bien qu'elles foncent droit sur le groupe d'Indiens. Le véhicule saute, retombe, puis saute encore sur chaque pierre, menaçant à chaque seconde de se briser. Les hommes s'agrippent tant bien que mal aux ridelles, mais le conducteur ne ralentit pas l'allure.

– Hourra, les Sioux n'ont pas pu nous arrêter ! crie l'un des fusiliers.

– Nous avons réussi à passer ! jubile un autre.

Mais ils se taisent tout à coup : l'un d'eux s'est retourné et a découvert avec horreur que toute la bande d'Indiens est maintenant à leurs trousses.

– Sacrebleu, ils nous suivent... Préparons-nous à les accueillir comme ils le méritent !

En quelques secondes, les Sioux ont rattrapé le chariot. Il est impossible d'ajuster le tir à partir de ce véhicule fou, qui bondit derrière les mules emballées. Et les balles se perdent dans tous les sens, ce qui ne fait qu'attiser et exacerber la rage des Peaux-Rouges.

« *Hadree, hadree — Succomme, succomee...* »

Ce cri de mort retentit aux oreilles des fuyards. Les Sioux ne sont plus qu'à quelques mètres... Peter Hardley, un courageux fusilier, empoigne son revolver et se dresse ; secoué en tous sens par les cahots, il a bien du mal à garder son équilibre. Mais il n'a plus rien à perdre et fait feu ! Un guerrier tombe de son cheval et roule à terre en hurlant. Peter tire encore.

– Feu, feu, tirez, ils sont à portée maintenant !

La fusillade oblige les Sioux à ralentir et à retarder leur attaque. Ils se divisent alors en deux groupes.

– Attention, ils vont nous encercler, crie l'un des fusiliers !

– Fouette tes mules ! Qu'elles méritent l'avoine qu'elles mangent à ne rien faire depuis tant d'années...

– Ils nous attaquent sur le flanc...

– Nous sommes perdus, ils vont nous entourer...

Heureusement, les ordres précis de Peter ramènent un peu de calme et de discipline dans toute cette agitation : les hommes se ressaisissent.

– À vos postes de combat, crie-t-il. Si nous devons mourir, alors que ce soit de manière digne, en combattant et en essayant de tuer le plus d'ennemis possible. Ce sera autant de moins pour nos camarades.

Les premiers Indiens ont à présent dépassé le chariot, et tous les soldats déchargent leurs fusils sur eux ! Mais tout va si vite qu'ils n'ont pas le temps de les recharger. Bon nombre d'Indiens sont tombés et leurs corps inanimés jonchent le sol. Mais les autres Sioux referment le cercle autour du chariot et arrêtent les mules. Il est impossible à présent de tirer à si courte distance, et les soldats défendent leur vie à coups de baïonnette et à coups de crosse !

Soudain, un Indien surgit et lève son tomahawk sur Peter. Mais le soldat est plus rapide et il lui tire un coup de revolver en pleine poitrine.

La bataille est rude, et bientôt il ne reste plus que quatre survivants dans le chariot. Dans un élan rageur, les Indiens se jettent sur la voiture pour les achever. Les trois fusiliers roulent sur le plancher, dans un corps à corps désespéré avec leurs adversaires. Peter cherche son colt, quand il voit un Peau-Rouge qui le menace de sa lance !

C'est Lucrèce Borgia qui le sauve. Buffalo Bill est arrivé au galop à la tête de ses cavaliers et fait feu. En quelques instants, les Indiens sont repoussés.

– Mon Dieu, c'est Peter, s'écrie l'éclaireur en reconnaissant son jeune ami couvert de sang. Occupez-vous de lui, ordonne Buffalo Bill aux trois fusiliers. Barricadez-vous dans ce chariot et attendez-moi.

Suivi de son peloton, il galope vers une autre voiture assiégée par les Indiens. Une charge fulgurante délivre les hommes.

Les chevaux galopent d'une épave à l'autre pour organiser le sauvetage des survivants. Finalement, le gros de la colonne a réussi à passer et est déjà loin.

Mais on ne peut abandonner les blessés, les condamnant à mourir sous d'atroces tortures. Tenus à distance par les fusils et les canons, les Sioux renoncent à poursuivre les chariots et se regroupent au pied de la colline pour se rabattre sur ceux qui ne sont pas encore sortis du piège.

– Peloton, chargez, crie Buffalo Bill.

En tête de ses cavaliers, il lance l'attaque contre les Peaux-Rouges, cinq ou six fois supérieurs en nombre...

Les yeux de Red Cloud brillent de haine lorsqu'il voit Pa-Has-Ka venir droit sur lui. L'éclaireur reconnaît, lui aussi, le sachem des Sioux dans le groupe des guerriers qui attendent l'attaque de la cavalerie.

L'éclaireur connaît bien Red Cloud, il connaît son courage, sa détermination et son adresse au combat.

– En avant, Brigham, nous saurons bientôt si le redoutable chasseur de scalps vaut mieux que le chasseur de bisons.

Et Buffalo Bill lance son cheval à travers une pluie de flèches. Immobile, Red Cloud attend patiemment son adversaire. Autour d'eux, la bataille, féroce, est engagée et fait rage. Des centaines de flèches volent dans le ciel, touchant çà et là leurs cibles ; les deux camps se sont heurtés avec une violence inouïe, les sabres et les tomahawks s'entrechoquent sans répit.

Buffalo Bill jette un dernier regard sur la prairie. Les chariots attardés ont pu reprendre leur course dès que la cavalerie s'est placée entre eux et les Indiens. Rassuré sur leur compte, l'éclaireur se replonge dans la bataille.

– À nous deux, Red Cloud ! hurle-t-il.

Le grand chef indien pointe sa lance et l'envoie sur Buffalo Bill ; celui-ci a juste le temps de l'éviter en faisant volter son cheval.

– Combats comme un homme loyal ou je fais parler mon bâton de feu ! le défie Buffalo Bill.

Alors, Red Cloud pousse un grand cri et, en quelques secondes, tous les combattants se séparent : un cercle se forme autour des deux adversaires.

– Quelle arme choisis-tu, Red Cloud ?

L'Indien lève sa hache.

– J'accepte, dit Buffalo Bill.

Quelqu'un lui lance un tomahawk, qu'il attrape au vol.

Le combat commence dans un silence total et pesant. Ce duel sera sans doute le plus dramatique auquel ces hommes pourront assister dans toute leur existence.

Bicn calés sur leur selle, l'éclaireur et l'Indien se regardent d'abord un long moment droit dans les yeux. Buffalo Bill sait qu'il est désavantagé, car il ne se sert pas aussi bien d'un tomahawk que le chef sioux. Mais il a pour lui un cheval extraordinaire de docilité et de souplesse : Brigham.

– Va... lui dit-il.

Le cheval bondit et l'éclaireur abat son tomahawk. Mais Red Cloud pare très facilement le coup. Buffalo Bill comprend alors la tactique à adopter. D'un léger coup de talon, il fait volter Brigham avant que l'Indien ne riposte.

– Allons, viens, Red Cloud, je t'attends !

Fou de colère, l'Indien attaque à son tour, il se lance sur l'éclaireur avec sa hache levée. Buffalo Bill attend sans broncher, puis, d'une simple pression, il fait faire à Brigham un pas de côté. Le tomahawk de Red Cloud s'abat dans le vide. Emporté par son élan, le Sioux manque de passer par-dessus l'encolure de son cheval !

– Tu as des problème de vue ? ironise Buffalo Bill.

– Je vais te fracasser le crâne ! rugit l'Indien avec rage.

– Je t'attends...

Le chef indien attaque de nouveau et de face, cette fois.

Lentement, Buffalo Bill trotte vers lui et, au dernier moment, il tire brusquement sur les rênes. Brigham se cabre, et ses sabots frappent le mustang ennemi, qui se cabre à son tour. De justesse, Red Cloud s'agrippe à la crinière pour ne pas tomber, il lâche sa hache.

– Tu es à ma merci, lui dit Buffalo Bill, je pourrais te tuer, mais je préfère t'emmener en prison : c'est notre justice qui te fera payer pour tes crimes.

Il abat alors sa hache de façon à frapper du plat de l'arme, afin d'assommer simplement l'Indien, et non le tuer. Mais c'est à ce moment que la lourde pierre tranchante, attachée au manche, tombe ! Le sorcier avait cisaillé les liens.

– Traître, crie Buffalo Bill, méprisant.

Il talonne Brigham et le fait se cabrer. Effrayé, le mustang du chef indien danse et pirouette, ballottant en tous sens Red Cloud, qui se cramponne à l'encolure, tout en criant ses ordres.

Le féroce cri de guerre lancé par leur chef déchaîne les guerriers. Déroutés par cette attaque surprise, les cavaliers doivent ouvrir le feu pour ne pas être massacrés. Une dernière fois, Buffalo Bill lance son cheval contre le mustang de Red Cloud. Il esquive la hache que celui-ci lui lance, le saisit violemment au bras et le jette à terre.

– Ce n’est qu’un acompte, nous nous reverrons bientôt, Red Cloud !

D’un regard, l’éclaireur s’assure que les chariots sont loin à présent de la passe dangereuse.

– Mission accomplie ! crie-t-il. Sonnez la retraite !

Chapitre XI

LE TRAITÉ DE PAIX

C'est donc le 16 août 1866 que la colonne Sawyer échappe à l'embuscade de Red Cloud et à la poursuite de ses Sioux grâce au courage de Buffalo Bill. L'arrivée du détachement à Fort Laramie détermine un changement radical dans la conduite des opérations au Wyoming.

Au début du mois d'octobre, Buffalo Bill est invité comme conseiller au grand conseil de guerre qui se tient à Fort Laramie en vue de décider de la suite des opérations. Il s'agit donc de vaincre un ennemi dix fois supérieur en nombre et qui peut se réapprovisionner en flèches autant qu'il le veut. La question à l'ordre du jour est : comment faire régner la sécurité sur les trente-cinq mille kilomètres carrés du Wyoming ?

– Nous n'avons ni assez d'hommes, ni assez de munitions pour nous lancer dans un tel combat, fait le général Connor.

Après maintes discussions, Buffalo Bill avance une idée ingénieuse.

– Nous pouvons, durant les mois prochains, construire une série de fortins le long de la piste principale. Dès qu'un fortin est construit, il sert de base pour la construction d'un second fortin, et ainsi de suite. Et si nous travaillons rapidement, l'ensemble des constructions peut être fini à la fonte des neiges.

Et il indique sur la carte les points exacts où les fortins devront être construits.

– Ainsi, les convois pourront, en toute sécurité, voyager d'un fortin à l'autre ; évidemment, ils devront être escortés par des détachements de cavalerie.

Le général se tourne vers les officiers et les interroge du regard.

– Ce plan me paraît valable, répond Sawyer. Il ne reste plus qu'à en étudier la mise en œuvre.

Et ce qui a été proposé est réalisé : peu de temps après, le premier des fortins est édifié à une centaine de kilomètres au nord-ouest de Fort Laramie. On lui donne le nom de Fort Fettermann, en l'honneur du capitaine Fettermann qui l'a conçu.

Peu à peu, les montagnes et la prairie se couvrent

d'une épaisse couche de neige, transformant le paysage en un vaste désert blanc, où apparaissent de-ci, de-là quelques bisons ou caribous.

À Fort Fettermann, le corps expéditionnaire se scinde. Le général Sawyer continue vers l'ouest, construisant des fortins le long du cours de la Platte, puis celui de la Sweetwater River. Il laisse ainsi dans son sillage Fort Casper, Fort Jeffrey, Fort MacGraw et Fort Bridger. Ces forts devront protéger tous les convois faisant route vers la Californie et l'Oregon, dans la partie la plus dangereuse du trajet : entre les rochers de l'Arpent du Diable et les pentes méridionales de la Rivière du Vent.

Pendant ce temps, le général Connor se dirige au nord, dans le territoire contrôlé par Red Cloud. Il bâtit un fort à Midwest, sur la rive sud de la Powder River. Connor traverse cette rivière, et, soixante kilomètres plus au nord, il trouve le torrent de la Femme Folle. C'est là que l'on doit craindre de violents affrontements. Aussi, travaillant d'arrache-pied, les hommes font pousser les forts comme des champignons, à quarante kilomètres les uns des autres. Peu à peu, une ceinture de fortins entoure les hautes montagnes de Big Horn, où s'est réfugié Red Cloud. Mais le travail est rude et, en plus de la fatigue, du froid et des loups, la famine s'installe parfois pendant des jours, voire des semaines. Et, pour couronner le tout, les attaques d'Indiens se multiplient dans cette marche vers le nord. Les Sioux arrivent, silencieux et rapides, sur des raquettes faites de boyaux tendus sur des côtes de bison. Ils attaquent en force, vifs comme l'éclair, puis se retirent aussitôt, avant même que la défense ait pu s'organiser.

Il faut aussi évoquer ces expéditions qui repoussent les Indiens à travers les champs de glace, sous les averses de neige et les tempêtes. Une de ces expéditions restera à jamais gravée dans la mémoire des hommes. Il s'agit de celle menée par le général Connor, au début du mois de décembre, contre les Oglalas du clan d'Ours Gris.

Ours Gris est le frère cadet d'Ours Noir. Depuis que son frère et son père ont été tués, c'est lui qui a pris le commandement de sa tribu et il a juré de se venger de tous les visages pâles.

Buffalo Bill a été choisi pour guider les cent hommes de Connor à la poursuite d'Ours Gris dans ces montagnes inaccessibles. Pendant près de deux semaines, l'éclaireur suit sans relâche la trace des Indiens, qui s'esquivent à chaque fois et battent en retraite. Finalement, arrivés au fond d'une gorge perdue, ils ne peuvent plus fuir. Il ne leur reste plus qu'à se battre, et c'est ainsi que les guerriers d'Ours Gris se jettent sur les soldats. Les yeux du général Connor brillent de rage et de détermination : il veut une fois pour toutes exterminer ces maudits Peaux-Rouges. Trop de soldats ont péri. Le tir nourri des fusils a raison des Indiens en quelques minutes, il n'y a aucun survivant. Mais la soif de vengeance de Connor n'est pas encore étanchée, et il décide alors de marcher sur le village. Sur son passage, il détruit toutes les huttes et il tue sans scrupules tous les Indiens, personne n'est épargné. Femmes et enfants périssent massacrés...

Ce terrible carnage connaît une triste célébrité. Et suite à cette boucherie, qui est contraire aux règles de la guerre, Buffalo Bill rompt toute relation amicale avec Connor !

– Un soldat doit obéir aux ordres, dit le général avec morgue.

Buffalo Bill se retourne brusquement et, regardant Connor droit dans les yeux :

– S'il en est ainsi, je retourne à Frog City. À partir de ce jour, je ne fais plus partie de l'armée et je suis libre d'aller où bon me semble. Le travail que je fais ici ne me convient plus. Les Indiens n'ont jamais été pour moi un vulgaire troupeau de bétail que l'on abat au gré de ses humeurs !

Connor a beau essayer de le retenir, cela ne sert à rien, Buffalo Bill ne revient pas sur sa décision. Pourtant, le général sait qu'il ne peut se passer des services de l'éclaireur.

– Vous pensez donc que nous devons utiliser d'autres méthodes avec les Indiens ?

– Bien sûr. Que les Blancs se comportent avec plus de justice et d'humanité envers les Indiens, qu'ils agissent lorsque des bandes de bandits rôdent près des territoires de chasse et ne respectent pas les droits des Indiens. Et alors vous obtiendrez une paix durable.

– Vous avez peut-être raison, admet finalement Connor. Deux solutions s'offrent donc à nous maintenant : une guerre sanglante ou une cœxistence pacifique... Me soumettant à vos arguments, je choisis la seconde solution. Mais la première solution n'engage que nous, tandis que la seconde implique le consentement des Indiens... J'ai une mission importante pour vous.

Buffalo Bill ouvre grand les yeux.

– Que voulez-vous dire ?

– Votre mission sera de trouver où se cache Red Cloud et de lui proposer un traité.

– Quelle sorte de traité ? demande Bill.

– Nous devons avoir l'assurance que les convois pourront traverser en toute sécurité le territoire des Sioux pour rejoindre le Montana. Si Red Cloud marque son accord, nous arrêterons toute opération militaire.

– Quelles sont vos garanties ?

– Ma parole !

– Red Cloud exigera sûrement que, pendant ces voyages, les pionniers n'attaquent d'aucune façon les Indiens et surtout, qu'ils ne cherchent pas à s'approprier leurs territoires.

Connor hausse les épaules :

– Red Cloud doit bien comprendre qu'il n'a pas le choix ! réplique-t-il sèchement.

Buffalo Bill hésite encore, puis soupire :

– Je vais essayer, dit-il.

C'est par un matin glacial de décembre que Buffalo Bill part du Fort Phil Kearney pour sa nouvelle mission.

Les trente hommes qui forment son escorte d'honneur ont sorti leur plus bel uniforme, ils ont briqué tout ce qui peut reluire, du sabre aux boutons de la tunique. Il faut impressionner les Indiens !

Le trajet passe par des défilés à peine praticables, et la progression est extrêmement difficile.

Peter Hardley a voulu suivre l'éclaireur dans cette expédition, voilà qu'il se demande s'ils arriveront jamais. En deux heures, ils n'ont parcouru que deux kilomètres !

Après avoir affronté le vent, le froid et les animaux sauvages, la troupe est surprise de nuit par une tempête de neige. Buffalo Bill et ses compagnons se sont emmitouflés tant bien que mal dans les tapis de selle des chevaux, mais avec la force du vent, les flocons se faufilent jusque sous leurs vêtements !

L'éclaireur encourage de son mieux les hommes fatigués. Ils ne peuvent s'arrêter, car ils risquent d'être enterrés vivants dans la neige. On n'y voit pas à plus d'un mètre et, pour ne pas se perdre, les hommes s'appellent continuellement l'un l'autre, se guidant par la voix.

– Allons, courage, les exhorte Buffalo Bill, cet après-midi, j'ai aperçu une grotte, nous ne devons plus en être loin.

Terrassés par le froid, certains hommes traînent à l'arrière, s'agrippant à leur selle, Peter est l'un de ceux-là.

– Encore un effort, nous arrivons !

C'est à ce moment que Bill sent le poids inerte de Peter sur son épaule. Le soldat s'est évanoui ! Buffalo Bill, pris d'inquiétude, regarde autour de lui. Les hommes, exténués, ne peuvent plus continuer. Comment trouver cette grotte ? La recherche risque d'être longue encore.

Deux autres cavaliers viennent à leur tour de perdre connaissance.

– Faites coucher vos chevaux, ordonne-t-il alors, allongez-vous près d'eux, ils vous abriterons.

Les soldats obéissent sans broncher et, tout de suite, ils se sentent mieux, les chevaux les protégeant du vent et de la neige. Buffalo Bill, quant à lui, n'a pas mis pied à terre, il continue seul à chercher un abri et, en quelques secondes, il disparaît dans la tempête !

Au bout de vingt minutes d'une marche éprouvante, il découvre enfin la grotte. Le brave Brigham tente alors de ramener son maître fatigué vers les cavaliers. Soudain, il hésite, s'arrête, fait un pas en avant, puis un en arrière et s'arrête à nouveau !

– Brigham, il faut que tu retrouves nos amis.

Le cheval renouvelle ses tentatives, mais en vain. Il est perdu et ne sait plus où se diriger. Pourtant les cavaliers ne sont qu'à deux cents mètres de là !

Les hommes commencent à s'inquiéter. Cela fait bien une heure et demie que l'éclaireur les a quittés ! Tout à coup, les chevaux se mettent à hennir.

– Qu'est-ce qui leur prend ?

C'est Brigham qui les a appelés de loin, les hommes,

eux, n'ont pas entendu ses hennissements. Guidé ainsi par ses amis, le cheval reprend le chemin rapidement et, peu de temps après, Buffalo Bill rejoint le groupe. Une demi-heure plus tard, tous se retrouvent en sécurité dans la caverne. À l'aube, un rayon de soleil réveille les hommes engourdis. Juste en face de la caverne, se détache le pic des Nuages, Cloud Peak, le point culminant des monts Big Horn. Tous regardent le sommet.

– Il n'y pas de drapeau, crie un homme.

– Ce n'est pas bon signe, dit Buffalo Bill, préparez-vous au pire !

Avant l'expédition, deux prisonniers sioux avaient été relâchés afin d'annoncer à Red Cloud l'arrivée de la délégation. Et si le grand sachem acceptait de recevoir Buffalo Bill, il aurait dû hisser un drapeau blanc au sommet de Cloud Peak, mais aucun signal n'est visible.

Soudain, un soldat se met à crier :

– Regardez là-haut...

En effet, quelque chose bouge à présent sur Cloud Peak, c'est un chiffon blanc attaché à un bâton.

– En avant, crie Buffalo Bill, Red Cloud nous attend.

Ainsi le grand sachem et l'éclaireur vont une fois de plus se retrouver face à face ! Mais cette rencontre est bien différente de la première, à l'Arpent du Diable, où Red Cloud a refusé toute offre de paix. Tout comme Buffalo Bill et ses hommes, les Sioux cherchent à impressionner leurs adversaires. Les Indiens ont revêtu leurs plus beaux vêtements et ils ont rassemblé dans de grands corrals tous leurs mustangs, bien étrillés et pomponnés pour la circonstance. Il règne une grande nervosité dans le village indien et, de-ci, de-là, des cris de guerriers excités éclatent. Cinq jours avant l'arrivée de l'ambassade, Red Cloud a envoyé des messagers dans tout le territoire des Sept Feux, les sept nations indiennes alliées, en réclamant autant de guerriers qu'il est possible de trouver. C'est ainsi qu'au pied de Cloud Peak se dresse maintenant un gigantesque village. En quelques heures, en effet, les squaws ont édifié des centaines et des centaines de huttes d'écorce et de peaux, plus confortables en ces temps froids que les tipis.

En voyant ce village plus vaste que n'importe quelle ville de l'Ouest, les Visages pâles s'arrêtent, stupéfaits.

– Mon Dieu ! s'écrie Peter. Imaginez si tous ces Peaux-Rouges se déchaînent contre nous…

– Nous sommes justement venus ici pour que cela ne se produise pas, rappelle Buffalo Bill.

Le reste de la matinée, les soldats se promènent dans l'immense village, trouvant à chaque fois des raisons d'admirer l'ingéniosité des Indiens, qui utilisent exclusivement le bois et ce qu'ils peuvent tirer des bisons pour fabriquer tout ce qui est nécessaire à leur vie de chasseurs et de guerriers.

Puis, tout à coup, des tambours se mettent à battre, annonçant le commencement de la réunion solennelle. Les guerriers s'asseyent en un cercle au centre duquel un plus petit noyau rassemble les grands chefs. Il y a là

Little Crow, Ours Rampant, Tatanka-Yotanka et le célèbre Sitting Bull... Et c'est au tour du calumet de la paix de circuler parmi les chefs et les visages pâles. Chacun à son tour tire une bouffée, et les malheureux qui ne sont pas habitués à l'écorce de *kinnikinnick* sont pris de violentes quintes de toux.

Après de longs et virulents discours de la part des Indiens, Buffalo Bill prend la parole et aborde le point crucial pour lequel il a été envoyé.

– Les Visages pâles veulent simplement que leurs convois puissent traverser les terres sans être attaqués. Ils ne feront aucun mal aux Dakotas si ceux-ci ne mettent pas la vie des hommes en danger.

– Comment croire le langage fourbe des hommes blancs ?

Buffalo Bill jette un regard méprisant à Red Cloud.

– Je suis venu vous expliquer que tout massacre est inutile et qu'il faut l'éviter ! C'est toi et toi seul, Red Cloud, qui veux la guerre, tu espères que les Dakotas feront de toi le chef suprême !

– Tu mens, lance le sachem, tous les Dakotas veulent la guerre !

– Parce que tu les y pousses, tu leur mens, tu veux devenir célèbre, riche, puissant. Tu as soif de grandeur et, pour cela, tu n'hésites pas à envoyer les tiens et bien d'autres à la mort !

Les yeux de Red Cloud brillent de fureur !

– Je ne suis pas l'ennemi des Indiens, continue Buffalo Bill. Je suis le tien, Red Cloud. Et je suis venu pour te défier ! Je veux terminer notre duel.

À ce moment, Peter Hardley se lève d'un bond.

– Vous êtes fou, commandant, je vous empêcherai...

D'un geste impératif, Buffalo Bill le fait rasseoir.

– Alors Red Cloud, quelle est ta réponse ?

Les autres chefs se taisent, comme frappés de stupeur.

– C'est le seul moyen d'éviter la guerre, continue Bill. Red Cloud, Crazy Horse et les autres se croient invincibles, et leur attitude orgueilleuse entraîne les autres, pour leur perte.

Les chefs restent pensifs. Lorsque Buffalo Bill reprend la parole, ses mots résonnent au milieu d'un lourd silence :

– Red Cloud, chef des tribus des Dakotas ! J'en appelle au jugement de Manabozho !

À ces paroles, les Sioux poussent une grande exclamation. Car, selon leur religion, Manabozho est l'intermédiaire entre Manitou, le Grand Esprit, et les hommes. C'est par lui que le Dieu suprême fait connaître ses volontés, c'est lui qui inspire les actions des hommes, auxquels il peut donner une partie de ses pouvoirs surnaturels. Seuls les guerriers d'un courage exceptionnel peuvent réclamer le jugement de Manabozho.

– Avant ce soir, ton scalp pendra à ma ceinture, répond enfin Red Cloud, j'accepte le duel et tu verras que le Grand Esprit n'abandonne pas les Dakotas.

Little Crow, le plus ancien des sachems, met fin à la

discussion et il rappelle à Buffalo Bill les règles du jugement de Manabozho.

– Vous devrez combattre jusqu'à la mort. Toutes les armes et les ruses sont permises, aucun coup n'est défendu. Red Cloud, que tu as défié, a le droit de partir le premier, et il ira où il voudra.

Aidé par ses guerriers, le chef sioux se prépare. Il prend une carabine et un arc. À sa ceinture, il passe son tomahawk et un large coutelas. Puis, il prend le petit bouclier qui porte son totem, un serpent à tête d'aigle, saute sur son mustang et disparaît dans la gorge enneigée !

– C'est à ton tour, Pa-Has-Ka, ordonne Little Crow.

Buffalo Bill court vers son cheval et saute en selle. Il disparaît lui aussi. Quelques instants plus tard, il est déjà loin et il se dirige vers un dédale de gorges, de ravins, de plateaux étroits et glacés. Il se tient sur ses gardes, la carabine à la main et le doigt sur la détente, prêt à tirer. Red Cloud est près de lui, il sent sa présence, mais où ? Ses empreintes conduisent l'éclaireur vers une butte enneigée.

Soudain, quelque chose scintille sur la neige. Buffalo Bill éperonne Brigham, le jetant vers la droite : une détonation retentit presque au même moment, et une balle soulève un nuage de neige quelques centimètres à côté de l'endroit où Buffalo Bill se tient. Une seconde, puis une troisième détonation, les balles fendent l'air et passent de justesse à côté de la tête de Bill, qui va se mettre à l'abri à toute vitesse.

Et, tournant autour de la colline enneigée, Buffalo Bill découvre enfin son ennemi. Il tire, singulièrement la balle rate sa cible, et l'Indien s'enfuit sur son cheval, ventre à terre.

– Rattrapons-le, Brigham !

Le brave cheval s'aventure sur le versant glacé de la colline ; avec prudence, il pose ses antérieurs. Soudain, il glisse et tombe, Buffalo Bill passe par-dessus l'encolure, retombe quelques mètres plus loin et roule jusqu'au bas de la pente ! Entraîné, lui aussi, par l'avalanche de neige, Brigham retombe presque sur son maître, en hennissant de douleur !

– Tu t'es brisé la patte ? Pauvre ami !

Mais le cheval se relève, il a simplement été étourdi.

Maintenant, Buffalo Bill redouble de prudence. À ce moment, un autre coup de feu part des hauteurs ! Le chapeau de Bill s'envole dans les airs et, avant que l'Indien ne puisse tirer à nouveau, l'éclaireur se jette derrière un buisson. Une balle file à nouveau, elle se perd à un mètre de là.

Le silence retombe. L'Indien n'a plus que cinq balles, et il doit les conserver pour le moment où son ennemi se montrera.

« Je ne peux rien faire avant que ses cinq balles soient tirées... J'ai une idée », pense Buffalo Bill.

Il enlève sa ceinture d'étoffe rouge et l'attache au canon de sa carabine. Puis, il la fait apparaître au-dessus des buissons. L'Indien tombe dans le piège et tire... C'est une nouvelle balle de perdue ! Maintenant,

il lui reste encore quatre coups. L'éclaireur rampe jusqu'à la limite des broussailles, il se relève, puis se jette de côté en épaulant. Un autre coup de feu retentit ! La balle de Red Cloud se perd dans la neige. L'Indien a encore gaspillé une balle, mais cette fois, elle a bien failli toucher l'ennemi.

« Encore trois balles, dont une seule suffit pour m'envoyer au paradis ! » songe Buffalo Bill.

À ce moment, il aperçoit quelque chose qui gigote dans les fourrés. C'est un lièvre, il est tout blanc. Effrayé, il s'est tapi dans les bruyères.

– Je suis désolé, petit lapin, mais tu es ma seule chance.

Buffalo Bill l'attrape par les pattes et cherche l'endroit le plus favorable, puis il le lâche. Le lièvre fait un bond, puis détale à toute vitesse. Trois coups de feu le touchent en pleine poitrine. Au troisième coup, Bill jaillit des buissons et court vers la butte, mais, une fois de plus, Red Cloud s'est enfui !

Il rappelle Brigham en sifflant et reprend la poursuite. Au loin, il voit le mustang noir de son ennemi, le chef indien n'est pas loin : il a pu se cacher dans les gorges. À son tour, Buffalo Bill pénètre dans la crevasse encaissée entre des parois de quarante mètres de haut. Il sait qu'à chaque instant une flèche peut l'atteindre ! Mais plus rien ne l'arrête et il se met à escalader la paroi glissante pour rejoindre enfin l'Indien. Arrivé à mi-pente, notre ami voit Red Cloud apparaître au sommet de la paroi et bander son arc. En un éclair et malgré sa position peu confortable, Buffalo Bill tire un coup de feu, empêchant le sachem d'ajuster son tir.

– Tu vas mourir, crie Red Cloud.

– Montre-toi, si tu l'oses !

Après un quart d'heure, Bill atteint finalement le sommet du rocher. Sans perdre un instant, il recharge sa carabine. Puis il saute sur le plateau, mais une flèche siffle à ses oreilles. Bill se jette à plat ventre, le colt à la main et, une fois de plus, l'Indien prend la fuite.

Maintenant, les deux adversaires se trouvent sur une terrasse circulaire, longue de cinq cents mètres et large d'une centaine de mètres ; elle s'ouvre sur un précipice et s'adosse à la paroi verticale de Cloud Peak. L'Indien a été contraint de trouver refuge derrière un mur de neige. Buffalo Bill veut en finir, il tire un coup de feu sur le rempart blanc, la neige vole ; puis il en tire un autre et un autre encore, si bien que le rempart de neige s'affaisse comme un château de cartes. Red Cloud doit se coucher à plat ventre à présent pour ne pas être touché, mais les balles sifflent de plus en plus près de lui. Pris de panique, il se relève et tente à nouveau de s'enfuir. Mais cette fois, la muraille de Cloud Peak lui barre le chemin !

– Tue-moi, Pa-Has-Ka, Manabozho en a décidé ainsi, tue-moi ou ma vengeance sera terrible !

– Je n'ai pas peur de toi, dit Buffalo Bill en lançant sa carabine sur le sol.

Puis, il s'avance droit sur l'Indien.

– À nous deux, à mains nues comme des hommes...

L'Indien se jette sur l'homme blanc avec fureur !

Pendant ce temps, au village, les Indiens ont cessé de prier le Grand Manitou. Lentement, la nuit se met à tomber. Soudain, une voix retentit :

– Naw ! Ay naw !... Quelqu'un !...

Plus personne ne bouge : tous attendent dans l'expectative. Dans l'obscurité apparaît alors une silhouette d'abord indistincte...

– Red Cloud !

Tous les Sioux se lèvent et hurlent de joie. L'Indien s'avance en titubant, son sang coule par de nombreuses blessures.

– Le commandant est mort, chuchote Peter, consterné.

À ce moment, Buffalo Bill émerge à son tour de l'obscurité. Lui aussi est très fatigué et marqué par de nombreuses blessures, ses vêtements sont déchirés et souillés de sang. Il s'arrête au centre du cercle en tenant son sabre pointé dans le dos du sachem.

– Écoutez, mes amis indiens, la guerre n'aura pas lieu, dit Buffalo Bill d'une voix cassée. Red Cloud a donné sa parole, il ne sera fait aucun mal aux pionniers qui traversent le territoire. Et moi, Pas-Ha-Ka, je vous donne aussi ma parole que tous nos fortins seront détruits !...

C'est ainsi que la guerre prend fin. Tous les forts sont démantelés, conformément à la promesse de Buffalo Bill. Mais, de temps à temps, des conflits éclatent encore, provoqués par des bandes d'Indiens assoiffés de sang ou par des pionniers désireux de conquérir de nouveaux territoires.

Toutefois, Red Cloud respecte fidèlement son traité. Et ce sont les Blancs qui vont le violer, en 1876, provoquant ainsi la grande révolte des Sioux de Crazy Horse et de Sitting Bull. Mais le vieux sachem des Oglalas refusera de déterrer la hache de guerre, fidèle à la parole donnée dix ans plus tôt à Pa-Has-Ka !

Chapitre XII

UN CERTAIN NED BUTLINE

Chaque fois qu'une de ses missions prend fin, Buffalo Bill est déprimé pendant quelques jours : il n'a rien à faire et tourne en rond comme un lion en cage. Voilà que, voulant combattre l'inaction et l'ennui qui le minent, il décide de construire un petit logement et de faire venir Louisa, sa femme, Arta, sa fille, et Helen, sa sœur. Il se met donc au travail. Mais un matin, un émissaire lui apporte un message du général Sheridan, lui demandant s'il accepterait de guider un groupe d'importantes personnalités pour une partie de chasse. Tout doit être parfait, jusque dans les moindre détails. Bill a revêtu ses habits de fête : un costume neuf en cuir de bouc blanc, une chemise écarlate brodée de perles et son large chapeau Stetson. Assis sur son cheval blanc, il ressemble à un centaure. Avec une escorte de cent chevaux, les chasseurs se mettent en route : la partie de chasse doit durer une semaine. La nuit, on campe près d'un ruisseau, et les repas se font au son des guitares. Parmi les personnes invitées figure Gordon Bennet, journaliste au *New York Herald*. Un soir, il engage la conversation avec Buffalo Bill.

– Pourquoi ne viendriez-vous pas nous rendre visite à New York ? Vous y feriez sensation, je vous le jure.

– C'est gentil à vous, monsieur Bennet, mais je préfère rester là où je trouve le bonheur, c'est-à-dire ici !

– Réfléchissez-y tout de même. Sachez que je ne suis pas homme à accepter un « non » comme réponse, ajoute Bennet avec un large sourire.

La chasse est un réel succès, Buffalo Bill reçoit de splendides cadeaux en remerciement de ces merveilleuses journées. De nombreuses personnes l'invitent à se rendre dans l'Est.

– Nous avons vécu une splendide chasse grâce au général Sheridan et à Buffalo Bill, disent les invités en se quittant à regret.

« Et maintenant ? » se demande Bill.

Eh bien, voilà qu'un jour, descendant du train, un homme à l'air un peu pompeux se présente chez les Cody et demande à parler à Bill.

– Je suis écrivain et je suis le colonel E. B. C. Judson, mais je suis plus connu sous le nom de Ned Butline, se présente l'étrange personnage.

Auteur de pièces de théâtre, Ned Butline a acquis une certaine notoriété à travers le pays. Bill regarde, non sans un certain amusement, ce petit homme dont le manteau est couvert de médailles rutilantes et d'insignes de diverses sociétés.

– La plupart des histoires que j'ai écrites parlent de la mer ; mais maintenant, j'en ai assez des océans, je désire m'étendre à d'autres sujets passionnants. Ce qu'il me faudrait à présent, ce serait un héros comme Daniel Boone, ou Davy Crockett, mais ils sont morts, et j'aimerais trouver un héros vivant. J'ai donc pensé à vous, on m'a tellement parlé de vos combats contre les Indiens, de vos chevauchées à travers la plaine. Voilà de fameuses aventures ! De quoi remplir tout un livre !

Buffalo Bill écoute maintenant avec intérêt et marque son accord : cette nouvelle aventure, littéraire cette fois, le tente beaucoup.

Pendant de longues journées, Bill raconte ses palpitantes et périlleuses expéditions : elles serviront de tremplin à l'imagination fertile de l'écrivain. Celui-ci a déjà choisi le titre de son nouveau livre : *Buffalo Bill, roi de la frontière*, et il compte le tirer à beaucoup d'exemplaires. C'est ainsi que, à la publication du livre, Bill Cody entre dans la légende et que son nom commence à être connu dans le monde entier.

Louisa, quant à elle, n'a que faire de la légende qui entoure Bill, elle se sent seule, car Bill continue à s'évader des journées entières à cheval. Pourtant la vie continue, et un heureux événement s'annonce bientôt chez les Cody. Quelque temps plus tard, en effet, Louisa met au monde un adorable bébé.

– Ton fils, fait-elle avec une fierté toute maternelle. Comment allons-nous l'appeler ?

Bill réfléchit un instant en regardant avec émotion le nouveau-né.

– Que dirais-tu de Kit, comme Kit Karson ? Cela sonne plutôt bien, non ?

– Kit, c'est joli, je suis d'accord, dit Louisa.

Bill se jure bien d'être plus présent dans l'éducation de son fils qu'il ne l'a été pour sa fille : et dès que celui-ci sera en âge de tirer, il lui apprendra à faire bon usage d'un colt.

Peu de temps après la naissance de l'enfant, Bill est convoqué chez le général de Fort Hays : de fréquents délits sont commis dans cette région, et il n'y a personne pour les juger.

– J'ai pensé à vous pour un poste de juge de paix, lui propose le général.

– Moi ? Mais je n'ai aucune notion de droit... ni les qualités requises pour cela !

– Je suis certain que vous vous en tirerez fort bien. D'ailleurs, nous vous donnerons le code des procédures et des lois du Nebraska, il vous suffira de l'étudier.

Buffalo Bill finit par accepter l'offre du général et s'avère, avec le temps, être un juge parfaitement compétent, avec une manière parfois originale de faire respecter la loi. Une fois, par exemple, un jeune homme vient le trouver pour lui demander de célébrer son mariage. Or, il n'a pas la moindre notion sur la façon légale de procéder. Il se rend à la maison où la cérémonie doit avoir lieu. Et le voici devant les futurs mariés, un peu embarrassé, mais fermement décidé à remplir dignement le rôle qui lui est assigné. Regardant le jeune homme dans les yeux, il lui demande :

– Acceptez-vous de prendre cette jeune femme pour épouse légitime, de l'aider et de l'aimer toute votre vie ?

– Oui, je le veux, répond l'homme.

Puis, se tournant vers la jeune fille :

– Et vous, continue-t-il d'une voix solennelle, acceptez-vous de prendre pour époux légitime cet homme ici présent, de l'honorer et de l'aimer votre vie entière ?

– Je le veux.

Bill conclut alors la cérémonie par une formule qui, jusqu'à ce jour, n'existe dans aucun code, quel qu'il soit :

– Maintenant, vous êtes unis, vous voilà mari et femme, au nom de Dieu et de Buffalo Bill ! Que votre vie soit longue et prospère. Amen !

Le 3e régiment de cavalerie, commandé par le général Reynolds, a maintenant remplacé le 5e à Fort Mc Pherson. Il se compose de chasseurs d'élite irréprochables, qui se sont taillé une belle réputation au cours de leurs expéditions en Arizona. Ils prennent part à des opérations punitives avec, à leur tête, Buffalo Bill, secondé par Omahundra, un petit homme aux cheveux noirs qui a déjà travaillé à ses côtés sous le nom de Texas Jack, lors de la guerre civile.

Partis sur les traces d'Indiens rebelles, ils les retrouvent finalement dans le Nebraska, à Platte River. Il s'agit d'assiéger leur camp. En s'approchant avec six de ses hommes, Bill se rend compte que ses ennemis sont nombreux. Il faut attaquer par surprise.

– Allons-y prudemment, recommande Bill.

– Nous te suivons, lui assure Texas Jack.

– Alors, en avant !

Sans plus se poser de questions, les hommes foncent droit au cœur du campement.

Pris par surprise, les Sioux renégats n'ont pas le temps de riposter, ils se précipitent vers leurs chevaux qui broutent de l'autre côté du fleuve. D'autres, qui de loin ont vu l'arrivée des hommes blancs, viennent aider leurs camarades. Buffalo Bill les poursuit, traverse le fleuve à son tour et se lance au milieu d'eux. Les flèches fusent, les Indiens brandissent leurs tomahawks. Seul Brigham a bien voulu traverser le cours d'eau, les autres chevaux refusant obstinément de se mouiller les pattes.

– Descendez de cheval, hurle Bill, venez avec moi !

Pendant qu'il crie ainsi, il se voit entouré par les Indiens. Soudain, il ressent une douleur à la tête. Le sang lui coule abondamment dans les yeux, l'aveuglant un instant. Sans faire attention à la blessure, il s'essuie le visage et poursuit son agresseur : il l'attrape et lui fend le crâne ! Certains Indiens s'enfuient vers l'aval, d'autres se cachent derrière les bosquets pour ne pas être repérés.

– La bataille est finie, crie Buffalo Bill, rentrons à présent.

Pour cet exploit, Bill se voit gratifié de la médaille d'honneur, l'une des plus importantes distinctions honorifiques de l'époque.

En 1872, les électeurs du Nebraska choisissent Buffalo Bill, citoyen estimé de tous, pour siéger à la Chambre des représentants. C'est à partir de ce jour que son nom est précédé de la mention « Honorable ».

Malgré ses occupations diverses, Buffalo Bill s'occupe toujours de réconcilier Blancs et Indiens, en mémoire de son père qui s'est battu et qui est mort pour les faibles et les opprimés. Et grâce à sa générosité, son prestige et son sens de l'honneur, il gagne la confiance et l'estime de plusieurs grands chefs indiens, ce qui est très rare.

Quand, à l'été, Bill rentre chez lui, un troisième rejeton est né : c'est Orra, une adorable petite fille. La famille habite maintenant North Plate, où Buffalo Bill a bâti pour les siens une confortable maison qu'il a dénommée « Le repos de l'éclaireur ».

Un jour, alors qu'il regarde par la fenêtre, il voit à l'écurie un garçonnet d'environ dix ans qui dételle le brave Brigham. Intrigué, Bill s'empresse de le rejoindre. L'enfant s'avance alors vers lui, humblement, tendant les brides de l'animal à son propriétaire. Il veut parler, mais aucun son ne sort de sa gorge paralysée par l'émotion. Quand, enfin, il retrouve ses esprits, il balbutie :

– Ne croyez pas, monsieur Buffalo Bill, que je veuille voler votre cheval, ni même l'emprunter. Et encore moins lui faire du mal. Je veux simplement m'approcher de votre inséparable compagnon, toucher les rênes que vous-même tenez en mains si souvent, vous, qui êtes l'homme le plus merveilleux de la Terre et mon héros.

– Comment t'appelles-tu, mon petit ?

– Johnny Baker, monsieur, et je vous admire plus que quiconque au monde, ajoute-t-il en rougissant.

Pendant un long moment, Buffalo Bill reste avec l'enfant et lui raconte quelques-unes de ses fabuleuses aventures. Puis il prend congé de son jeune ami et saute en selle pour aller en ville. Durant le chemin, il se rappelle les paroles de l'enfant. Il se dit alors qu'il a le pouvoir et le devoir de faire ressentir à d'autres cette même passion qui anime Johnny Baker. Une idée germe dans son cerveau : et s'il présentait à des milliers de gens un immense spectacle sur le thème du Far West ?

Beaucoup de choses se sont passées depuis son enfance dans l'Iowa : le départ vers l'Ouest, les affrontements avec les Indiens, les fabuleuses chasses au bison ; la guerre civile, aussi, et l'armée, où le général Sheridan l'a nommé Chef des éclaireurs du 5e de cavalerie... Tant d'événements défilent dans son esprit.

– Oui, quel merveilleux spectacle cela pourrait faire un jour !

Plus tard.

Bientôt !

Chapitre XIII

QUAND LE JUGE DE PAIX DEVIENT ACTEUR !

Comme il se l'était figuré, Ned Butline récolte un immense succès avec son récit sur la vie de Buffalo Bill, dont les quatre-vingts épisodes paraissent régulièrement, semaine après semaine, dans le *New York Weekly*. Cette biographie remarquable est bientôt adaptée à la scène, et c'est ainsi que *Buffalo Bill, roi de la frontière* est monté au Bowery Theater (théâtre Bowery). Le metteur en scène envoie d'ailleurs à Buffalo Bill une invitation pour la première, en lui réservant une place d'honneur dans une loge. Bill accepte cette invitation avec plaisir. Caché dans la pénombre, il sourit en regardant se dérouler devant lui l'épopée de ses aventures. Puis, tout à coup, il se sent devenir la cible de tous les regards. Et lui qui, de toute son existence mouvementée, n'a jamais connu la peur, il se met à rougir violemment lorsque, pour comble, l'assistance, debout, se met à scander :

– Buffalo Bill, un discours, un discours !

Les organisateurs sont obligés d'interrompre le spectacle. Ned Butline se rend à la loge de Buffalo Bill et l'invite à monter sur scène pour prendre la parole :

– Donnez-moi une horde de Sioux, ou tout ce que vous voulez, mais pas ça, gémit-il.

– Dites-leur quelque chose, insiste Butline, leur délire est tel qu'ils seraient capables de démolir tous les sièges en montant dessus pour mieux vous voir.

Bien entendu, Buffalo Bill ne veut pas avoir pareil désastre sur sa conscience. Les jambes flageolantes, plus pâle que la mort, il se laisse conduire sous les feux des projecteurs, mais pendant un long moment, il n'arrive pas à prononcer un mot ! Enfin, il se ressaisit et, toussant pour s'éclaircir la voix, dit :

– Chers amis, je suis heureux et ému de vous voir ici ce soir en si grand nombre. J'espère que vous aimez la pièce qui vous est présentée et je vous remercie de votre intérêt. Bonsoir !

Et c'est tout ce qu'il arrive à dire.

De grosses gouttes de sueur perlent sur son front.

– C’est pire que si j’avais dû affronter le plus dangereux des Indiens ou abattu le bison le plus sauvage de la prairie, laisse-t-il échapper.

La foule l’applaudit à tout rompre, à présent, après avoir observé un silence religieux pendant qu’il parlait.

Depuis ce jour-là, Ned Butline envoie sans relâche de nombreuses lettres à Bill pour essayer de le convaincre de jouer son propre rôle sur scène. Il lui propose même d’amener une vingtaine d’Indiens pour que le spectacle fasse plus naturel.

Louisa, qui rêve depuis longtemps d’aller habiter à nouveau en ville, tente elle aussi de persuader son mari.

– Ton travail est pratiquement terminé dans la plaine. La chasse a perdu de son charme et les Indiens ne sont plus une menace pour les Blancs. Pense à nous, ta famille, et accepte ce projet, je t’en prie.

Bill réfléchit : il se rend bien compte qu’un salaire de cinq cents dollars par mois serait fort appréciable pour les siens. Ses enfants ne manqueraient de rien, et il pourrait les envoyer dans les meilleures écoles.

Avec un soupir de résignation, il accepte finalement. Il envoie donc sa démission du poste qu’il occupait dans la législature pour se rendre à Chicago. Il emmène avec lui son ami Texas Jack.

Ned Butline le présente aussitôt à monsieur Nixon, le directeur du théâtre où le spectacle doit avoir lieu. Après avoir dévisagé les deux hommes de la tête aux pieds, il donne son accord à leur projet et demande à voir le restant de la troupe.

– Hum, fait Butline, j'avais dit à Cody d'amener une vingtaine de Cheyennes, ce qu'il semble avoir oublié. Mais je me charge de réunir en quelques heures les acteurs nécessaires.

– Jamais vous n'y arriverez en si peu de temps ! Répétez plutôt les rôles avec Buffalo Bill et laissez-moi jeter un coup d'œil sur votre livret, que je sache quel genre d'hommes il vous faut exactement.

– Mais, monsieur le directeur, le livret n'est pas encore écrit !

– Comment cela, pas écrit ? Vous êtes fou ! Nous sommes mercredi, le spectacle débute lundi prochain et rien n'est fait, une telle négligence est impardonnable. Considérez notre contrat comme nul et non avenu !

Au fond de lui-même, Bill jubile à l'idée de recouvrer sa chère liberté, abandonnée pour les planches. Mais Ned Butline ne l'entend pas de cette oreille, il s'adresse à Nixon en ces termes :

– Combien cela me coûterait-il de louer la salle pour une semaine ?

– Six cents dollars !

– D'accord, les voilà ! Venez, les gars, dépêchez-vous, nous devons écrire la pièce.

Quatre heures plus tard, la pièce est terminée : elle a pour titre *Les Éclaireurs de la plaine*.

– Maintenant, en avant ! Hâtez-vous, mes amis, d'apprendre vos rôles. Rendez-vous demain matin, à dix heures, pour une première répétition. Nous devons prouver à Nixon que nous serons prêts à la date prévue.

Lorsque Ned Butline a refermé la porte, les deux apprentis comédiens s'interrogent :

– Combien de temps te faudra-t-il pour apprendre le texte ? demande Bill à Texas Jack.

– Une éternité, et toi ?

– À peu près autant, soupire-t-il lugubrement.

En effet, les deux hommes, plus habitués aux équipées et aux chevauchées, ont bien du mal à se concentrer et à retenir de longues tirades ; un combat avec les Indiens leur semble bien plus conforme à leurs possibilités.

Le grand jour est arrivé. Le spectacle peut commencer. Et au moment où Butline annonce solennellement :

– Et voici Buffalo Bill....

Rien ne bouge sur le plateau ! Pensant peut-être que son héros ne l'a pas entendu, il répète sa phrase plus fort. Mais toujours rien !

Alors, il se met à appeler :

– Voyons, Bill, où restes-tu donc si longtemps ?

Bill est toujours incapable de bouger, le trac le paralyse, mais voilà que son regard tombe sur monsieur Milligan, avec lequel il a été à la chasse récemment, l'homme lui sourit chaleureusement. Peu à peu, Buffalo Bill reprend courage et s'avance.

– À la chasse avec monsieur Milligan, répond le héros du jour.

Cette réponse fantaisiste enchante et déride les spectateurs.

– Fort bien, approuve Ned Butline. Parle-nous donc un peu de cette chasse.

Bill se sent tout à fait à l'aise : à présent, il plonge dans le vif du sujet, ce sujet qu'il adore. Le spectacle remporte un vif succès, et les journalistes sont pleins d'éloges pour ces comédiens amateurs mais talentueux.

Quinze jours plus tard, la pièce est jouée à Saint-Louis. C'est la première fois que Louisa voit son mari sur scène, elle rayonne, très fière de lui. Puis, c'est à New York que *Les Éclaireurs de la plaine* tiennent l'affiche, et ce pendant trois longues années !

Financièrement, c'est un succès sans précédent. Bill est maintenant à la tête d'une grosse fortune, ce qui lui permet d'acquérir des terres dans le Wyoming et de se consacrer à l'exploitation de son nouveau ranch. Nous sommes en 1873.

Chapitre XIV

ENFIN... LE WILD WEST SHOW

La vie tranquille au ranch ou l'animation de la ville ne sont pas de nature à offrir à Bill pleinement satisfaction. Le chemin de fer sillonne maintenant tout le pays, l'Ouest a retrouvé le calme, les bisons ont disparu, et les Indiens ne constituent plus un danger.

Bill Cody est désœuvré, désorienté, il semble ne plus avoir de but dans la vie. Quand il jouait au théâtre, c'était pour gagner l'argent dont il avait besoin pour nourrir sa famille ; or, maintenant que ni lui ni les siens ne manquent plus de rien, la seule chose qui puisse encore le passionner, c'est l'idée de monter un grand spectacle, qui mettrait en scène les pionniers de l'Ouest. Aussi décide-t-il d'aller trouver son ami Nat Salsbury pour mettre au clair les projets qui tournent dans sa tête.

– Ce devra être quelque chose d'absolument authentique, donnant une image exacte de la vie au Far West.

– Oui, avec des personnages réels ayant vécu cette existence, renchérit Salsbury. Pourriez-vous convaincre certains Indiens ?

– Rien de plus simple. Et il faudra aussi leurs chevaux de guerre, et même des bisons et des élans... tout ce que vous voudrez.

– Des vrais cow-boys ? fait l'autre.

– Tout ce qu'il y a de plus vrais. À propos, j'y pense : on pourrait aussi mettre en scène la Deadwood Coach, une diligence qui reliait autrefois Fort Laramie aux mines d'or des Collines noires. Elle traîne quelque part au bord d'une piste, plus personne n'en veut. Plus d'une fois, elle a été arrêtée par des bandits de grands chemins ou attaquée par des Indiens.

– Eh bien, nous l'attaquerons, nous aussi, s'enthousiasme Nat.

La liste sur laquelle Salsbury note ce qu'il désire s'allonge de minute en minute.

Bill a encore une suggestion :

– Et le Pony Express naturellement, avec des hommes qui y ont vraiment travaillé. Bob Haslam, par exemple. Je vous le dis, ce défilé n'aura pas de fin !

Et le spectacle s'allonge, s'allonge, au gré de leur imagination débordante. Après cette entrevue, Bill retourne au Nebraska afin de réunir hommes et bêtes dont ils auront besoin. C'est un gros travail. Chaque heure qui passe fait battre le cœur de Bill plus fort. Le rêve de toute une vie va enfin se réaliser, et tous les moyens doivent être mis en œuvre pour que ce spectacle soit une réussite totale.

Tous les détails sont réglés minutieusement, et ce jusqu'à la dernière minute.

Pour sa première, le spectacle a lieu à Saint-Louis. Puis il est présenté à Chicago, devant plus de quarante mille personnes, et des milliers de spectateurs se pressent également à New York. Des plus jeunes aux plus vieux, tous veulent voir *Buffalo Bill's West Show*. Tous les amis de Bill sont présents sur scène, John Nelson, responsable du camp indien et marié à une Indienne, se trouve dans la diligence, avec ses six charmants enfants. Le major Frank North, qui fut probablement le plus grand exterminateur d'Indiens que l'Ouest ait jamais connu, dirige les danses guerrières des Pawnees. Il y a aussi Buck Taylor, qui s'occupe des cow-boys. Wild Bill Hicock et Johnny, un enfant prodige du pistolet, participent au spectacle. Avec cette pléiade d'acteurs, comment le spectacle de Buffalo Bill aurait-il pu être autre chose qu'une brillante réussite ?

Au cours de l'hiver, Salsbury et Cody décident de présenter le spectacle dans le Sud : longer le

Mississippi et faire halte dans les villes qui bordent le fleuve leur permettra de récupérer les frais de cette expédition. Bob Halsam a donc loué à Cincinnati un bateau à vapeur, un *steamboat*, pour transporter hommes et bêtes.

Mais si Bob est excellent juge en ce qui concerne les chevaux, il l'est nettement moins dans le choix d'un bateau à vapeur, ce qui, hélas ! est à l'origine d'un drame. Un soir après la représentation, les animaux sont chargés comme d'habitude sur le bateau. Il pleut à torrents, on a l'impression de voir l'arche de Noé. Il fait très sombre, et le bateau semble s'enfoncer dans la nuit épaisse, lorsque soudain la sirène retentit en même temps qu'un sinistre craquement ! Des trombes d'eau boueuse déferlent sur le pont : le navire vient de heurter la rive. Les animaux affolés hurlent, et, tandis que le bateau sombre, on a tout juste le temps de sauver les vies humaines. Les bêtes périssent noyées, et, à part la diligence et une autre voiture, tout, absolument tout, est perdu !

C'est une très pénible épreuve pour Buffalo Bill qui, jusqu'à présent, n'a connu que le succès.

Et ce drame ne sera pas le seul dans sa vie d'homme mûr. Un soir, alors qu'il va se produire à Springfield, dans le Massachusetts, il reçoit une dépêche. La nouvelle est terrible : Kit, son petit garçon, son seul fils, est très malade, c'est sans doute la scarlatine. Or à cette époque, les maladies, quelles qu'elles soient, font encore de terribles ravages.

– Annulons le spectacle et rendons l'argent aux spectateurs, suggère Salsbury.

– Non, dit Bill d'un ton décidé, je jouerai la première partie. Après, vous expliquerez au public le motif de mon départ et vous continuerez à jouer sans moi.

Rentrant en tout hâte, il trouve son enfant brûlant de fièvre. Celui-ci tend ses bras vers son père et se cramponne à lui.

– Faites quelque chose, supplie Bill au médecin, d'une voix étranglée.

Le petit malade se jette d'un côté à l'autre du lit en gémissant. Pour le soulager, Bill le soulève avec précaution et le prend dans ses bras. Mais, subitement, son corps fébrile s'arque, se raidit, l'enfant ouvre grand les yeux. Il est mort.

Bill, tout à son désespoir, n'a pas la force de soutenir Louisa ni de calmer les pleurs de ses fillettes. Il sort et erre dans les environs comme un fou. Toute sa vie semble s'être brisée en cet instant où son enfant l'a quitté.

Au bout de quelques heures cependant, il retrouve ses esprits et rentre à la maison. Dès lors, il redouble d'affection pour Louisa et reporte sur Arta et Orra l'immense tendresse qu'il avait pour Kit. Pour oublier sa peine, il travaille davantage. Et après *Les Éclaireurs de la plaine*, il crée *Les Chevaliers de la pampa*, *La parade du Grand Ouest* et bien d'autres spectacles encore.

Pour que soient reconnus les mérites de Buffalo Bill,

dont la renommée s'étend maintenant dans le monde entier, le gouverneur du Nebraska l'élève au rang de colonel de la garde nationale. Plus tard, même, il atteindra le rang de brigadier général, mais c'est le titre de « colonel Cody » qui lui restera jusqu'à la fin de ses jours.

Selon les directives de John Burke, son agent de publicité, ce n'est pas seulement à travers les États-Unis, mais dans toute l'Europe qu'il présentera, trente ans durant, son fameux spectacle, reconstituant, chaque soir, les événements dont il a été le témoin et l'acteur. Dès lors, Bill entreprend de grands voyages à l'étranger : l'Espagne, l'Autriche, la Hongrie, l'Allemagne, la France, la Belgique et le Danemark l'accueillent avec les Indiens, les cow-boys chamarrés et les bandits de grands chemins qui l'accompagnent !

En cette année 1887, l'Angleterre fête le cinquantième anniversaire de règne de la reine Victoria. De grandes manifestations sont organisées un peu partout dans le pays, et, sur le conseil du prince de Galles, la reine elle-même invite le célèbre Wild West Show à venir se produire à Londres devant ses invités.

Quand vient le soir de la représentation de gala, Buffalo Bill inspecte une dernière fois sa troupe et veille au moindre détail. La reine lui fait l'honneur de s'intéresser à son spectacle, il ne faut faire aucun faux pas.

Nat Salsbury rejoint Bill dans les coulisses pour lui annoncer :

– Devine combien de sièges sont occupés dans la salle ? Des milliers ! Il n'y en a plus un seul de libre.

– C'est le plus beau jour de ma vie ! s'exclame Bill.

Sans vouloir se laisser griser par le succès, il doit bien avouer qu'il lui monte un petit peu à la tête…

Dans quelques instants, le spectacle va commencer. Franck Richmond s'avance sur la scène pour s'adresser au public :

– Majesté, mesdames, messieurs, j'ai l'honneur de vous présenter Buffalo Bill, le plus grand éclaireur de tout l'Ouest américain !

Celui-ci apparaît alors, droit et grave, dans son habit d'apparat. De son immense chapeau à larges bords, il salue la foule qui le regarde avec admiration. Son cheval blanc, dressé sur ses pattes arrière, retombe maintenant pour s'incliner en direction de la reine, sous un tonnerre d'applaudissements qui n'en finit pas. C'est un véritable délire dans la salle.

Le futur Édouard VII descend alors dans l'arène et, très simplement, demande à pouvoir prendre place dans la Deadwood Coach.

– Ainsi, je me trouverai aux premières loges pour apprécier le spectacle, dit-il avec humour. Et bientôt, il est rejoint par le roi du Danemark, le prince héritier d'Autriche, le grand-duc de Saxe et le roi de Grèce. Et c'est dans un vacarme infernal que Sioux et Cheyennes attaquent cette diligence remplie de têtes couronnées.

Une fois le rideau tombé, Bill se prend à songer tout haut :

« C'est vraiment un long, long chemin que j'ai parcouru, depuis l'époque où je gardais les vaches pour vingt-cinq dollars par mois. »

Il pense aussi à son père : comme il aurait été fier de son fils ce soir-là !

Les années passent : le colonel Cody a maintenant engagé des gauchos d'Amérique du Sud, des cavaliers arabes et des Cosaques, qu'il emmène dans ses tournées triomphales à travers l'Europe, avant de se rendre à l'Exposition mondiale de Chicago en 1893.

Mais Buffalo Bill ne connaît pas que des succès, loin de là. Avec son désir de faire plaisir à chacun, il finance certains projets hasardeux de ses amis, entretient une foule de gens qui profitent de lui, investit ses revenus dans des entreprises vouées à l'échec. Il construit, par exemple, une auberge à Sheridan, dans le Wyoming ; il installe un vaste système d'irrigation pour les fermes situées entre Big Horn et Yellowstone Park. Il se fait également le promoteur d'une ville qui porte le nom de Cody et y engloutit la majeure partie de sa fortune, ce qui l'obligera à travailler durement pour gagner son pain quotidien ; et cela jusqu'à la fin de sa vie.

Bill est à présent un homme dont la chevelure et les moustaches commencent à blanchir, et il n'est pas facile pour lui de s'adapter à son nouvel emploi. Depuis peu de temps, en effet, il fait partie du cirque Barnum et Bailey. Alors qu'avec son Wild West Show, il restait souvent pendant cinq ou six mois au même endroit, ici il doit se plier à un tout autre rythme de travail. C'est ainsi qu'en une seule année, il s'est rendu avec le cirque dans cent trente-deux villes différentes, pour ne donner souvent qu'une ou deux séances dans chacune d'elles. Les tournées du cirque enregistrent par ailleurs perte sur perte, et, quand la mort frappe soudain Bailey en plein déclin financier, Buffalo Bill se retrouve à la tête d'innombrables dettes.

Il fait maintenant partie du 101 Ranch Show et, en dépit de ses soixante-dix ans, ses employeurs demandent qu'il prenne part journellement à la parade, présentant sur scène l'un de ses anciens tours : abattre à la carabine des balles en verre multicolores. Et chaque soir, au moment où le présentateur annonce le passage de Buffalo Bill, celui-ci se redresse, bombe le torse et agite crânement son chapeau blanc.

Le temps passe. Et un jour, Buffalo Bill tombe malade dans un hôtel à Chicago. Pour mieux le soigner, on le transporte chez l'une de ses sœurs à Denver. Le docteur est appelé à son chevet, et Buffalo Bill, avec le courage et la lucidité qui le caractérisent, exige la stricte vérité quant à son état de santé.

– Eh bien, si le moment est venu, vous me voyez ravi de mourir dans mon lit ; j'aurais trouvé cela très gênant de mourir sur scène, devant des milliers de spectateurs. Alors, pour combien de temps ai-je encore à vivre ? demande Bill en regardant fixement le médecin.

– Deux ou trois jours, tout au plus, répond le docteur.

– C'est bien peu, soupire Buffalo Bill.

Le héros de l'Ouest meurt le 10 janvier 1917. Des

milliers de personnes, venues de tous les coins de l'Amérique, assistent à ses obsèques. Son cercueil disparaît littéralement sous les fleurs de ses concitoyens.

Lentement, le long cortège funèbre déambule à travers les rues de la ville ; un cheval blanc sans cavalier suit la dépouille mortelle, un pistolet suspendu à la selle. Derrière lui, soixante-dix cow-boys marchent la tête baissée. Pour les hommes de toutes races, lui qui voulait tant les réconcilier, la mort de Bill Cody est presque un deuil de famille.

Le corps de Buffalo Bill repose désormais sur la crête de Lookout Moutain, au pied d'un monument qui le représente assis sur un cheval de bronze.

Mais, dans le cœur de bien des gens, Buffalo Bill n'est pas mort ! Sa légende et son esprit sont encore bien vivants, et pas seulement sur le coin de terre qui fut le théâtre de ses exploits ; car c'est tout le pays que Buffalo Bill a marqué de son empreinte de géant. Le pays ? Non, le monde entier !

Table des matières

I	Il était une fois dans l'Iowa	7
II	En route pour le Kansas	21
III	Prince et les chevaux de l'armée	29
IV	Kansas sanglant	45
V	Le plus jeune ennemi des Indiens des plaines	53
VI	Bill se fait des amis	61
VII	L'épopée du Pony Express	69
VIII	Pris au piège... de l'amour !	83
IX	Le prestigieux chasseur de bisons	91
X	En guerre contre Red Cloud	99
XI	Le traité de paix	115
XII	Un certain Ned Butline	133
XIII	Quand le juge de paix devient acteur !	141
XIV	Enfin... le Wild West Show	147

ISBN : 2-8006-6752-4
Dépôt légal : 02.99/0058/031

Imprimé en C.E.
N° d'impression : 38789812